A difícil arte de perdoar

EDITORA EME

Solicite nosso catálogo completo, com mais de 350 títulos, onde você encontra as melhores opções do bom livro espírita: literatura infantojuvenil, contos, obras biográficas e de autoajuda, mensagens espirituais, romances, estudos doutrinários, obras básicas de Allan Kardec, e mais os esclarecedores cursos e estudos para aplicação no centro espírita – iniciação, mediunidade, reuniões mediúnicas, oratória, desobsessão, fluidos e passes.

E caso não encontre os nossos livros na livraria de sua preferência, solicite o endereço de nosso distribuidor mais próximo de você.

Edição e distribuição

EDITORA EME

Caixa Postal 1820 – CEP 13360-000 – Capivari-SP

Telefones: (19) 3491-7000 | 3491-5449

Vivo (19) 99983-2575 | Claro (19) 99317-2800 | Tim (19) 98335-4094

vendas@editoraeme.com.br – www.editoraeme.com.br

Elaine Aldrovandi

A difícil arte de perdoar

Capivari-SP
– 2017 –

A Editora EME mantém, ainda, o Centro Espírita "Mensagem de Esperança" e patrocina, junto com outras empresas, a Central de Educação e Atendimento da Criança (Casa da Criança), em Capivari-SP.

3ª reimpressão - julho/2017 - de 8.001 a 16.000 exemplares

CAPA | André Stenico
PROJETO GRÁFICO E DIAGRAMAÇÃO | Marco Melo
REVISÃO | Rubens Toledo

FICHA CATALOGRÁFICA

Aldrovandi, Elaine, 1966
A difícil arte de perdoar / Elaine Aldrovandi - 3ª reimp. jul. 2017 - Capivari, SP | Editora EME.
192 p.

1ª ed. nov. 2016
ISBN 978-85-66805-91-8

1. Práticas do perdão. 2. Autoajuda. 3. Bases doutrinárias espíritas. 4. Autoconhecimento.
I. TÍTULO.

CDD 133.9

Sumário

Bem-aventurados os que são misericordiosos, porque eles próprios alcançarão misericórdia.

(Mateus, 5:7)

A vingança pertence a Deus.

(Romanos 12:19)

Introdução[1]

Bem-aventurados os que são misericordiosos, porque eles próprios alcançarão misericórdia.
(Mateus, 5:7)

A FRASE QUE INICIA esse livro foi extraída de Mateus, capítulo 5, versículo 7, e está incluída num dos mais famosos discursos de Jesus, o Sermão da Montanha, que foi proferido publicamente pelo Mestre no auge de sua popularidade.

De difícil compreensão pelos judeus do primeiro século, ainda hoje, homens do século 21 se debruçam sobre esses textos sagrados que se iniciam com uma série de oito declarações conhecidas como as bem-aventuranças sem compreendê-los.

---

1. *Extraindo os tesouros das escrituras: exposições práticas* - Paul Earnhart - 2ª Edição Brasileira publicada por Dennis Allan - 1997 e disponível na internet para *download* gratuito.

"Felizes os misericordiosos, porque eles próprios alcançarão misericórdia" - diz o Mestre, informando-nos de que "é perdoando que se é perdoado". Com isso Jesus sugere uma fórmula para a felicidade que contraria o senso comum, pois indica que é preciso primeiro dar para depois receber.

Interessante notar que nesse sermão o Cristo fala exclusivamente de qualidades espirituais, deixando propositadamente de lado as preocupações históricas do homem, como poder, riqueza material, condição social e conhecimentos intelectuais. Logo, Jesus está claramente esboçando um reino que não é deste mundo, cujas fronteiras circundam terras e cidades, mas sim um reino dentro dos corações humanos.

Assim como os judeus do primeiro século, também estamos despreparados para entendê-lo, pois as virtudes pregadas por Jesus e que nos credenciam a entrar em contato com esse reino são virtudes que o homem não recebe naturalmente, mas depende de sua escolha pessoal, de sua firme decisão de desenvolvê-las, pois são contrárias ao orgulho e à ambição que dominam os corações de toda a humanidade.

As bem-aventuranças marcam a diferença radical entre o reino do céu e o mundo dos homens. O seguidor do Cristo é diferente naquilo que admira e valoriza; diferente naquilo que pensa e sente; diferente naquilo que procura e faz. O discurso do Mestre buscava os corações dos pecadores humildes, abertos à semeadura de sua Boa-Nova, por estarem cansados de sofrer e que se esvaziaram na taça dos prazeres, sem encontrar alegria de viver.

Jesus deixa claro que o reino de Deus está aberto ao pecador arrependido[2], suplicante e vazio, que chega procurando por ele, e para homens pacientes que abrem mão não somente de suas vontades, mas até dos seus direitos, em prol das necessidades dos outros, ou seja, para os que estão dispostos a aprender a amar incondicionalmente.

Por isso, para muitas pessoas é impossível seguir os ensinamentos de Jesus no mundo em que vivemos. Friedrich Nietzsche chegou a escrever que "a moralidade cristã é a mais maligna forma de toda a falsidade".

Para escrever este livro elegi a misericórdia, o perdão ofertado com graça e bondade, como a virtude a ser vivenciada para que encontremos

---

2. Arrepender-se, no sentido evangélico, significa reconhecer o erro e esforçar-se por mudar o comportamento.

a felicidade aqui e agora e não somente no reino celestial.

A misericórdia que Jesus recomenda vem da percepção da necessidade que a própria pessoa tem de misericórdia, não simplesmente a dos homens, mas a de Deus e, principalmente, da própria consciência culpada. Esta misericórdia que mostra compaixão e estende o perdão até mesmo àquele que repete a ofensa (Mateus 18:21-22) resulta da gratidão pela misericórdia que Deus nos tem mostrado. Os herdeiros do reino de Deus não são uma aristocracia espiritual representada por homens santos, mas por pecadores perdoados e que perdoam.

Portanto, neste livro vamos nos debruçar sobre a misericórdia, tentando aprender a difícil arte de perdoar. Vamos refletir sobre o que significa perdoar, tentando compreender o fato de que Jesus valorizou o perdão, a ponto de pedir que perdoássemos não apenas sete vezes, mas setenta vezes sete vezes, tendo em vista as consequências espirituais, emocionais e físicas que resultam do perdão não concedido. Discutiremos também os motivos psicológicos que dificultam reconhecer um erro e formular um simples pedido de perdão.

Do mesmo modo vamos tentar entender as travas psicológicas que nos impedem de perdoar a quem nos ofendeu.

Aprenderemos as diferentes linguagens do perdão, e, com esse conhecimento, descobriremos a linguagem que mais toca o coração daquele que ofendemos, facilitando seu perdão diante das ofensas que cometemos. Aprenderemos técnicas que nos auxiliam a perdoar os que nos ofenderam igualmente, libertando-nos das algemas da mágoa e do ressentimento. Abordaremos a necessidade do perdão a si mesmo, para libertação da culpa, e, para finalizar o livro, introduziremos a oração do perdão.

Se perdoardes aos homens as faltas que cometem contra vós, vosso Pai celeste também perdoará vossos pecados; mas se não perdoardes aos homens quando estes vos ofendem, vosso Pai também não perdoará vossos pecados.

(Mateus, 6:14 e 15)

Se confessarmos nossos pecados[3]*, Deus é fiel e justo para perdoar os nossos pecados e nos purificar de toda injustiça.*

(I João 1:9)

---

3. Confessar os pecados significa reconhecer os erros, torná-los conscientes a ponto de podermos verbalizá-los para Deus.

CAPÍTULO 1

PERDOAR PARA SER PERDOADO

PERDOAI, PARA QUE DEUS vos perdoe.

Não creio que Deus nos condene ou castigue por nossos erros porque, mais do que ninguém, Ele sabe que erramos por ignorância e fragilidade, muito mais do que por maldade. O Pai Celestial não pune nem castiga porque não se sente ofendido com nossos erros, entendendo que fazem parte de nossa imaturidade espiritual.

Quando pedimos perdão por nossas faltas, Deus nos concede os meios para que possamos repará-las, ressarcindo os prejuízos causados ao nosso irmão, pois a verdadeira justiça ocorre quando compensamos o prejuízo causado. Se isso não puder ser feito numa existência, será concretizado em outra. E assim como é magnânimo conosco, Deus espera que usemos a mesma moeda de generosidade em relação ao nosso próximo.

Quem se recusa a perdoar, demonstra ter uma personalidade rígida e intransigente, que não admite falhas. Por esse motivo será um crítico severo de si mesmo e das pessoas com quem convive. Esses, por sua vez, observarão rigorosamente as atitudes daquele, e, diante da mínima falha, apontarão o dedo contra ele, com o objetivo de demonstrar ao orgulhoso juiz do comportamento alheio que ele também é imperfeito.

Já a rigidez e a intransigência, voltadas contra si mesmo, causarão a sensação de inferioridade, fracasso e culpa. Perdoar para poder se perdoar no momento oportuno é o significado da frase: *Infeliz daquele que diz: "Nunca perdoarei!" este, se não for condenado pelos homens, certamente o será por Deus.* Embora Deus não condene diretamente, como justifiquei acima, porque as leis de Deus estão escritas na consciência do homem[4].

O homem traz dentro de si à noção do que é certo e do que é errado e, quando erra, o sentimen-

4. *O Livro dos Espíritos* - Allan Kardec – Editora EME - 2ª reimpressão – 1997. Questão 621 – pág. 250 - "Onde está escrita a lei de Deus? - Na consciência".

to de culpa causa desconforto psíquico, cujo objetivo é sinalizar ao indivíduo que ele tomou uma decisão equivocada para que possa retificar seu erro. Desse modo, com a mesma medida com que julgamos, com a mesma medida seremos julgados por nós. Se formos intolerantes e perfeccionistas a ponto de não aceitar o mínimo erro alheio, fatalmente nos condenaremos quando cometermos alguma falha. Quando se diz "nunca perdoarei", perde-se o direito de errar, porque também não poderá pedir perdão: *Com que direito pedirá o perdão das suas próprias faltas* (aos outros e para a própria consciência), *se ele próprio não perdoa as dos outros?*

Quando a pessoa tem dificuldade para perdoar os erros alheios, a Divina Providência provê situação probatória em que o indivíduo se veja exatamente na mesma posição do infrator por ele condenado, para que possa pessoalmente constatar que quase sempre cometemos os mesmos erros condenados nos outros, quando experimentamos a mesma experiência. Esse é o significado de *se não perdoardes aos homens quando estes vos ofendem, vosso Pai também não perdoará vossos pecados,* ou seja, o Pai Celestial não o isentará de vivenciar situações semelhantes que ampliem sua compreensão da fragilidade humana, favorecendo a tolerância e a flexibilidade no julgamento dos erros alheios.

Assim, por exemplo, o filho que não perdoou o pai quando se separou de sua mãe e se afastou da família, contraindo novo matrimônio, muitas vezes irá se deparar, em sua vida conjugal, com conflitos intensos que o levarão à separação e, consequentemente, ao afastamento dos próprios rebentos de seu coração. Somente nesse momento ele poderá compreender e perdoar o pai.

Misericórdia

No judaísmo existe a crença de que o anjo Miguel, executor do julgamento de Deus, possui em suas costas apenas uma asa, enquanto o anjo Gabriel, executor da misericórdia, possui duas asas potentes e por isso voa muito mais rápido. Essa lenda dá a entender que Deus se apressa em ser mais misericordioso do que juiz do homem.

Historicamente, *misericórdia* era o nome dado ao punhal que os cavaleiros antigos carregavam na cintura, do lado oposto ao da espada, e que era utilizado para dar o golpe mortal no adversário moribundo, apressando sua morte.

Interessante saber que a palavra provém do latim *miserere*, que significa ter compaixão, e *cordis*, traduzida como coração, ou seja, compaixão suscitada pela dor alheia. A compaixão é o pesar pela desgraça, a dor de outrem, e que nos faz agir em favor da eliminação dessa dor. A compaixão também é usada como sinônimo de dó, comiseração e piedade, e implica a capacidade de sentir aquilo que a outra pessoa sente; aproximar seus sentimentos dos sentimentos dela, ser solidário com ela. A misericórdia é tão importante, que essa palavra aparece 166 vezes grafada na Bíblia!

Quando procedemos ao estudo criterioso de *O Evangelho segundo o Espiritismo*, vemos ali grafado que a misericórdia *consiste no esquecimento e no perdão das ofensas*, mas não há registros científicos de que o cérebro humano seja dotado de algum mecanismo capaz de apagar os registros da memória por um ato da vontade. Portanto, impossível esquecer e apagar para sempre nossas lembranças. Todas as experiências vividas estão registradas em nossa mente, tanto desta como de outras existências.

O fato de não nos lembrarmos de forma consciente de tudo o que vivenciamos não significa que esses registros deixaram de existir, mas se encontram arquivados nos porões escuros de nossa mente, conhecidos pelos psicanalistas como zona do inconsciente. Psicologicamente, esquecemos; ou melhor, deixamos fora da consciência para nos proteger emocionalmente de lembranças amargas.

Embora os registros no cérebro físico possam ser apagados por um tumor, um acidente vascular cerebral (derrame) ou por um traumatismo com lesões nas áreas da memória, por exemplo, tais registros permanecerão para sempre na mente (alma), arquivado no cérebro do corpo espiritual[5].

Para entender isso, basta lembrar que em sua longa jornada evolutiva o ser humano priorizou a lembrança dos acontecimentos de forte conteúdo emocional, especialmente as situações que trouxeram dor e sofrimento para que pudesse evitar repetir situações e comportamentos que lhe causaram intenso desprazer. As emoções positivas geradas pelas situações muito prazerosas também permanecem arquivadas na memória de forma prioritária, para que possa repeti-las.

5. Corpo espiritual é o nome do corpo fluídico que envolve a alma e a acompanha no mundo espiritual, individualizando-a. Quando a alma encarna no mundo material, tem seu corpo espiritual envolvido pelo corpo físico, o qual abandona no momento da morte. Allan Kardec chamou esse corpo fluídico de perispírito.

As situações corriqueiras, aquelas que não despertaram intensa dor ou intenso prazer, também são registradas, mas não têm prioridade de leitura na hora em que se abrem as janelas que dão acesso ao passado. Por isso temos dificuldade de lembrar o que comemos no jantar de anteontem, mas nos lembramos do nascimento do primeiro filho há trinta anos e nos emocionamos ao falar nisso. Do mesmo modo, as ofensas recebidas, mas não compreendidas e efetivamente perdoadas, retornam à mente com frequência, carregadas de dor, como se o acontecimento de décadas atrás tivesse ocorrido ainda ontem.

Portanto, biologicamente, nosso cérebro dá muita ênfase aos acontecimentos negativos com o objetivo de evitar que se repitam e que causem dor. Por isso não permite que passemos uma borracha sobre o acontecimento doloroso.

Então, como exercer a misericórdia com perdão e esquecimento das ofensas se é impossível esquecer?

Antes de tudo, preste atenção na frase: *a misericórdia consiste no esquecimento e perdão das ofensas.* Percebe-se nitidamente que perdoar e esquecer são duas atitudes diferentes, mas que se unem para concretizar a misericórdia.

Entendamos que o ato de perdoar é de alta complexidade e envolve um longo processo de releitura do passado, usando as lentes do amor, da compreensão e da tolerância. O esquecimento da ofensa corresponde ao arquivamento do fato vivido, mas reeditado, ou seja, revisto e compreendido. É um novo registro de tudo o que aconteceu baseado numa nova interpretação, pois, cada vez que relembramos um fato, nós o reconstruímos, enxergando o mesmo acontecimento por um prisma diferente.

Por isso a mente traz de volta ao consciente as situações dolorosas para que se repense sobre elas de forma exaustiva, até que se consiga entender tudo o que aconteceu e que se esgote toda a dor antes de sepultá-la na mente. O perdão, portanto, nasce de uma escolha de quem considera que a vida solicita de cada um de nós uma cota a mais de amor a cada dia para que possamos superar nossos limites e nos iluminarmos interiormente.

A título de exemplo: se uma criança sofre severa repreensão de seus pais porque não fez os deveres da escola ou porque tirou notas baixas, pode interpretar isso como rejeição, desamor ou maus-tratos por parte de seus genitores. E pode ter ficado magoada, ressentida, no momento em que foi repreendida. Quando adulta, ao relembrar esse episódio numa conversa com um amigo ou num consultório de um analista, consegue entender que os pais exerciam uma função educadora e que foram tão severos justamente por amá-la, e não por rejeitá-la, pois estavam preocupados com seu futuro.

Um registro mental de rejeição e abandono por não suprir as expectativas dos pais poderia gerar nessa criança um comportamento perfeccionista com o objetivo de agradar não somente aos pais, mas também aos adultos à sua volta, porque entendeu que se não fizesse tudo perfeito não seria amada.

Porém, ao rever o fato ocorrido na infância, usando a compreensão gerada pelo amadurecimento emocional, essa pessoa pode reescrever essa história, diminuindo o impacto desse acontecimento negativo em sua vida, que lhe instila amargura. Nesse aspecto podemos dizer que o fato foi esquecido, porque foi reeditado, e as interpretações distorcidas sofreram um novo registro.

De fato, as más lembranças de rejeição e maus-tratos foram transformadas em boas lembranças de amor e compromisso de seus pais com seu crescimento. Logo, esquecer uma ofensa é reeditá-la e arquivá-la de forma renovada pelas lentes da compreensão.

Allan Kardec assevera que *o esquecimento das ofensas é próprio da alma elevada, que está acima do mal que lhe quiseram fazer*. Podemos afirmar que as almas elevadas conseguem praticar o perdão, pois quanto maior o grau de evolução da alma, maior seu grau de compreensão e tolerância com o outro e maior sua capacidade de amar e reeditar o filme da memória. Pairar acima das ofensas e não se sentir ofendido é apanágio das almas elevadas; portanto, não se espera de nós que não nos sintamos ofendidos, mas que nos esforcemos para estender a mão misericordiosa àquele que errou.

Para entendermos melhor como isso acontece, vou contar uma pequena história, cujo autor me é desconhecido e que fala sobre um mendigo que vivia numa praça, num bairro nobre de determinada cidade. Ei-la:

> No dia de seu aniversário, um jovem rico que morava na frente da praça fez uma brincadeira de mau gosto com o pobre homem,

morador de rua. Pediu que sua empregada entregasse ao mendigo uma bandeja cheia de lixo envolta em papel de presente com os seguintes dizeres:

- Parabéns pelo seu dia! Aqui vai o meu presente para você.

O mendigo abriu o pacote com imensa alegria e, qual não foi sua surpresa, ao perceber que se tratava de uma troça. Sentiu a dor da ofensa recebida, entristeceu-se, mas logo mobilizou a compreensão. Pensou na dureza do coração desse jovem que o fazia tão insensível diante da dor alheia. Pensou na riqueza material do rapaz, identificando igualmente sua miséria moral. Compadeceu-se de sua imaturidade e pensou que Deus lhe proporcionara uma grande oportunidade de ensinar algo àquele rapaz.

Agradecido, o pobre homem jogou o lixo fora, limpou a bandeja, colheu as mais belas flores do jardim, depositando-as com carinho, e disse à empregada da casa:

- Agradeça ao seu patrão. Diga-lhe que estou enviando também o meu presente e que ele não repare, pois, cada um dá o que tem. Eu tenho apenas flores!

Q. 332 - Perdoar e não perdoar é absolver e condenar?

R. Que se faz ao mau devedor a quem já se tolerou muitas vezes? Não havendo mais solução para as dívidas que se multiplicam, esse homem é obrigado a pagar. É o que se verifica com as almas humanas, cujos débitos, no tribunal da justiça divina, são resgatados nas reencarnações.[6]

(*O Consolador* - Emmanuel)

Perdoar não é esquecer; isso é amnésia. Perdoar é se lembrar sem se ferir, sem sofrer. Por isso é uma decisão, não um sentimento.

(Autor desconhecido)

---

6. Portanto, quando se perdoa não se absolve a culpa, mas se dá ao culpado a oportunidade de reparação da falta.

CAPÍTULO 2

A DIFERENÇA ENTRE PERDOAR E DESCULPAR

QUANDO SE PERGUNTA o que se entende por perdoar, surgem muitas respostas, como: desculpar, absolver e esquecer uma ofensa.

Outros afirmam que perdoar é abrir mão da vingança, desligar-se mentalmente da ofensa e seguir em frente, não perder tempo, não deixar que a ofensa paralise seus passos; continuar andando, mas afastar-se de quem o ofendeu para se proteger.

Há quem afirme que perdoar é compreender a ignorância do ofensor e reconciliar-se com ele.

No livro *Oito semanas para mudar sua vida*, usei a definição de perdão dada pelo Dalai Lama, líder budista tibetano, ao qual admiro: *Perdoar é adotar medidas de defesa de forma a conter o agressor para que ele não nos continue ferindo. Contudo, essa atitude de-*

fensiva deve basear-se num sentimento de compaixão e não de ódio, pois a finalidade é educar quem nos ofende, para que ele não continue a nos ferir.

Interessante notar que essa definição de perdão se assemelha muito à orientação cristã: *Se vosso irmão pecou contra vós, ide acertar a falta em particular, entre vós e ele. Se ele vos ouvir, ganhareis vosso irmão*[7]. Note-se que Jesus nos orienta o entendimento esclarecedor com aquele que errou conosco e nos deixou magoados; portanto, sugere que nos defendamos ao invés de simplesmente negar a ofensa.

O Mestre afirma que, se nós conseguirmos que ele ouça nossas exortações para que entenda onde errou e se redima do erro, nossos laços afetivos, rotos pela ofensa, serão restabelecidos e assim "teremos ganhado nosso irmão", ou seja, não o excluiremos do nosso convívio, pois o educamos para que não continue nos ferindo. Com isso nos sentimos seguros para voltar a conviver com ele. Podemos voltar a confiar.

Mas Jesus não se limita a pedir que despertemos nosso companheiro de jornada para que possa entender onde errou conosco, pois sugere que

---

7. Mateus 18:15.

diante da negativa dele em nos ouvir busquemos pessoas que possam nos ajudar a esclarecê-lo. Alguém que analise a contenda usando lentes diferentes da nossa para que tudo seja esclarecido, como se lê nos versículos a seguir: *Se, porém, não te ouvir, toma ainda contigo duas ou mais pessoas, para que, pelo depoimento de duas ou três testemunhas, toda palavra se estabeleça.*

Investir nos relacionamentos era o ponto alto do ensinamento cristão, pois o doce Rabi da Galileia insiste no restabelecimento do vínculo afetivo ao dizer: *E, se ele não te atender, dize-o à igreja,* peça ajuda aos religiosos, aos amigos da igreja, aos bons espíritos; não desista do seu irmão. *E se recusar a ouvir também a igreja, considera-o como gentio e publicano,* o que poderia ser interpretado como uma sugestão de afastamento do infrator, visto que os judeus do primeiro século consideravam essas pessoas indignas de conviver com eles.

Conclui-se ao analisar essa passagem evangélica que devemos lutar para preservar os vínculos com quem amamos, mesmo que falhem conosco, insistindo na tentativa de perdoar. Porém, caso o infrator não entenda o erro e não se proponha a mudar, temos o direito de escolher não conviver mais com ele, evitando, desse modo, novas dores.

Porém, o perdão não é um momento mágico e sim um processo psicológico que pode demorar muito tempo para ser completado. Pensando nisso, creio que desculpamos as ofensas com mais facilidade do que as perdoamos, pois a desculpa suspende a punição e o castigo aliviando a culpa do agressor, mas não restabelece os laços do relacionamento; apenas esconde a dor da mágoa que passa a ser arquivada na forma de ressentimento, guardado num arquivo mental de raiva reprimida, que culmina num acentuado rancor pelo agressor.

Jesus ensina a amar os inimigos e a reconciliar-se com os adversários, demonstrando desse modo que o perdão restabelece a ligação entre as pessoas, recuperando a ligação afetiva que se rompeu devido a uma ofensa. Logo, o perdão é mais do que uma desculpa, é um ato de amor e de reencontro. Perdoar não é esquecer, mas renovar o amor, assumindo as marcas que o sofrimento deixou. Perdoar não é fazer de conta que nada aconteceu, mas aceitar o outro com as suas fraquezas e entender sua dificuldade de amar integralmente. Perdoar é intenso e profundo.

O ato de desculpar é exercido de forma pública. O perdão é privado e ocorre na intimidade de cada ser. Quando se desculpa uma ofensa percebe-se que em várias ocasiões a lembrança do erro ressurge, quase sempre em momentos de discussão, e é devolvido na forma de acusação. Popularmente se diz que a pessoa está "desenterrando defuntos" e se isso está acontecendo é porque eles ainda estão vivos dentro dela. Quem perdoa, liberta o outro e liberta dentro de si o amor. Perdoar é abrir caminho para o amor e reconciliar-se com o outro.

> Mas há duas maneiras diferentes de perdoar: uma é nobre, verdadeiramente generosa, onde a vítima evita, com delicadeza, ferir o amor-próprio e os sentimentos do agressor, ainda que este último tenha toda a culpa. A outra maneira é quando o ofendido, ou aquele que assim se julga[8], impõe, ao ofensor, condições humilhantes e o faz sentir todo o peso de um perdão que irrita ao invés de acalmar. Se este estende a mão, não é com benevolência e

8. Almas nobres nunca se sentem ofendidas, porque amam incondicionalmente e entendem que o ofensor é uma alma enferma, ignorante e necessitada de compaixão.

> sim com ostentação para se mostrar, a fim de poder dizer a todos: "Vede o quanto sou generoso!" Em tais condições é impossível que a reconciliação seja sincera de ambas as partes. Isto não é generosidade; é, antes, uma maneira de satisfação do orgulho. Em todas as contendas, aquele que se mostra mais pacificador, que demonstra maior tolerância, caridade e verdadeira grandeza da alma, conquistará sempre a simpatia das pessoas imparciais.[9]

Depreende-se do texto evangélico acima que enquanto desculpar pouco ou nada transforma, perdoar renova e recupera laços, libertando os envolvidos na contenda. Desculpar é calcar a mágoa para debaixo do tapete. Perdoar é varrer essas mágoas, libertar-se, libertar o outro e seguir em frente.

Se não dá para esquecer a ofensa no sentido de "deixar fugir da memória", é possível reeditar o filme dessa memória através da compreensão do ofensor como um ser imperfeito que não erra porque quer. Logo, perdoar tem mais a ver com compreensão do que com o esquecimento da ofensa.

---

9. *O Evangelho segundo o Espiritismo* - cap. 10, item 4 - Allan Kardec - 4ª reimpressão - Editora EME - 1996.

Interessante entender que quanto maior nossa maturidade espiritual maior nossa compreensão da vida. Por isso o Evangelho de Jesus precisa ser estudado de forma continuada, pois ali reside um código que nos conduz à felicidade plena. E decifrar as leis de amor ali descritas é nosso maior desafio.

Enfim, ao perdoar, você deixa de querer mal a alguém responsável por um ato desagradável, hostil, que prejudicou e fez sofrer, renunciando à aplicação de um castigo ou punição e não guarda ressentimento em relação a ele porque diluiu a mágoa dentro de um coração inundado de amor.

Lembre-se que é o amor e não o tempo que cicatriza as feridas da alma.

Reconciliai-vos o mais cedo possível com
vosso adversário, enquanto estiverdes
com ele a caminho, para que não suceda
que o vosso adversário vos entregue ao
juiz e que o juiz vos leve ao ministro
da justiça, e que sejais mandados para
a prisão.
Eu vos digo, em verdade, que não
saireis de lá, enquanto não houverdes
ressarcido até o último ceitil[10].
(Mateus, 5:25 e 26)

Perdoa agora, hoje e
amanhã, incondicionalmente.
Recorda que todas as criaturas trazem
consigo as imperfeições e fraquezas que
lhe são peculiares; tanto quanto nós,
ainda desajustados, trazemos as nossas.
(Chico Xavier)

---

10. Ceitil - moeda de pequeno valor.

CAPÍTULO 3

CONSEQUÊNCIAS ESPIRITUAIS E PSICOLÓGICAS DA FALTA DE PERDÃO

APÓS DISCURSAR SOBRE A necessidade de perdoar para ser perdoado e de explicar o que é a misericórdia, Allan Kardec aponta a necessidade da reconciliação com os adversários, afirmando que (...)

> Há, na prática do perdão assim como na do bem, geralmente, além do efeito moral, também um efeito material. Sabemos que a morte não nos livra dos nossos inimigos. Em muitos casos, os espíritos desejosos de vingança, no além-túmulo, movidos por seu ódio, perseguem aqueles contra os quais conservaram seu rancor.
>
> [...] O espírito mau aproveita o fato de que aquele a quem ele quer mal esteja ainda preso ao corpo e, portanto, menos livre, para mais facilmente atormentá-lo e atingi-lo em seus in-

> teresses ou afeições mais caras. Esta é a causa da maior parte dos casos de obsessão[11].
>
> [...] por causa de uma vingança, à qual eles deram motivo por sua conduta e cuja ação se acha numa vida anterior. Deus consente esta situação como uma punição pelo mal que fizeram [...]

É importante, pois, do ponto de vista da sua tranquilidade futura, corrigir o mais rápido possível os erros que cada um tenha cometido contra seu próximo, perdoando aos inimigos, a fim de eliminar, antes de desencarnar, qualquer motivo de desavenças ou ódios, ou qualquer causa motivada por rancor.

> [...] Quando Jesus recomenda reconciliar-se o mais cedo possível com seu adversário não é apenas com o objetivo de eliminar as discór-

11. Obsessão - terminologia espírita para designar a perseguição de um ou mais espíritos sobre uma ou mais pessoas, estando elas encarnadas ou desencarnadas. Quase sempre ocorre por vingança. Para uma explicação simplificada, leia o livro *Oito semanas para mudar sua vida*, de minha autoria, ou um estudo mais aprofundado em *O Livro dos Médiuns* - Cap. 23 - Allan Kardec - Editora EME.

> dias durante a atual existência, mas para evitar que elas continuem nas existências futuras. "Não saireis de lá", disse Jesus, "enquanto não houverdes ressarcido até o último ceitil", isto quer dizer que, enquanto não nos perdoarmos uns aos outros, estaremos presos em cadeias de ódio e rancor, das quais só nos libertaremos quando estiver satisfeita completamente a justiça de Deus.

Logo, conclui-se que uma das consequências da ausência do perdão é a sintonia com os maus espíritos, que serão atraídos para perto de nós enquanto nossa mente vibrar na sintonia do ódio e do desejo de vingança, o que nos conduz a graves processos de obsessão[12]. O perdão liberta, enquanto o ódio algema vítima e algoz até que se restaure o equilíbrio gerado pela ofensa. Reparar erros e ressarcir os prejuízos é uma necessidade para que o ofensor se liberte integralmente da dívida de amor que contraiu com aquele que foi vítima de sua ofensa.

---

12. Na psiquiatria, o termo obsessão refere-se a pensamentos intrusos, recorrentes, causadores de intensa ansiedade, gerando verdadeira tortura mental. Na doutrina espírita, como vimos, esse termo é usado para denominar a ação maléfica e persecutória entre almas encarnadas ou desencarnadas.

Somos Imperfeitos

Quem perdoa uma falta alheia demonstra estar aberto à possibilidade de pedir perdão para si mesmo, pois somente perdoa quem reconhece que também pode errar e sabe que diante de sua imperfeição vai necessitar do perdão de alguém, em algum momento de sua vida. Jesus disse que com a mesma medida com que julgamos seremos julgados.

Uma das interpretações dessa frase cristã é de que, ao emitir um julgamento sobre o comportamento de alguém, a pessoa fatalmente se condena a agir melhor do que aquele que errou. Cria, portanto, uma sentença condenatória para o outro enquanto tece uma camisa de força para si mesma, que limita seus movimentos no estreito círculo que traçou para o outro. Caso venha a cometer o mesmo erro, o autoperdão ficará bem mais difícil, e a culpa avassaladora poderá feri-la profundamente.

No *Evangelho de Mateus*, capítulo 18, versículos 15, 21 e 22, está registrado o diálogo entre Pedro e Jesus a respeito desse tema: *Então Pedro, se aproximando, lhe disse: Senhor, quantas vezes perdoarei ao meu irmão quando pecar contra mim? Será até sete ve-*

zes? Jesus lhe respondeu: Não vos digo que apenas sete vezes e sim setenta vezes sete vezes.

Desse modo, o Mestre nos ensina que a misericórdia não deve ter limites.

Entendemos, então, que devido a nossa miséria espiritual é impossível viver sem contrair dívidas. Na vida somos credores e devedores uns dos outros e contraímos dívidas de amor, gratidão, gentileza, paciência, solidariedade, afeto e compreensão com nossos familiares, amigos, irmãos, pais, professores, chefes e subordinados. Por isso Jesus, na oração do *Pai Nosso*, ensina-nos a pedir a Deus que perdoe nossos erros, porque não erramos por querer deliberadamente errar, mas por não saber fazer melhor do que fizemos até agora; assim como também propomos perdoar a quem cometa erros contra nós, compreendendo que ele errou também por não saber fazer melhor. Somos todos espíritos imaturos e imperfeitos e por isso falamos e agimos de forma inadequada, lesando os que estão a nossa volta.

Impossível, no estágio evolutivo em que se acha a Humanidade, não sentir raiva ou ficar indignado diante de uma ofensa, pois são sentimentos normais que suscitam a defesa pessoal e a educação do ofensor, como vimos. O problema surge quando a raiva se transforma em violência ou se torna crônica na forma de ressentimento e rancor, porque torna a vida amarga e rouba a alegria de viver.

Com certeza é preciso um tempo para diluir as mágoas, mas quando os danos são graves, ou quando não há mais espaço para confiar e já não há mais respeito mútuo, o relacionamento tem decretada sua sentença de morte e o perdão não é possível.

No livro *O poder do perdão*, o psiquiatra americano Fred Luskin utiliza a metáfora de um aeroporto com o tráfego aéreo congestionado para explicar como fica a mente de uma pessoa sobrecarregada pelas mágoas. Cada avião que está no ar é comparado a uma mágoa que, enquanto não pousa, fica exigindo energia e exaurindo os seus recursos.

Portanto, enquanto nossa mente ficar congestionada pelo lixo emocional gerado pelas mágoas e ressentimentos, ela estará fechada às possibilidades de viver experiências positivas, pois o indivíduo magoado transfere essa carga tóxica para o meio social, familiar e profissional onde vive. Torna-se uma pessoa irritada, explosiva, que tem dificuldade de estabelecer vínculos afetivos por não mais confiar nas pessoas à sua volta e em sua capacidade de despertar amor verdadeiro nas outras pessoas, como se ele estivesse sempre à espera de nova traição, abandono ou rejeição.

O ressentimento quase sempre surge na pessoa que, por inibição ou medo, não se permitiu responder à altura da ofensa que julgou receber. Por isso arquiva a raiva que não pôde expressar e a projeta no outro, acusando-o, para que ele se sinta culpado e seja advertido ou punido. O ressentimento significa a impossibilidade de esquecer uma ofensa que gerou a mágoa e se cristaliza na forma de rancor contra aquele que foi o motivo da injúria. A pessoa rancorosa vive em verdadeiro deserto emocional, e a única saída para isso é o perdão, que deixa a memória da injúria intacta, mas transforma ou mesmo afasta a dor, sendo a única saída viável para uma releitura do passado.

Logo, a ausência do perdão gera invalidez psíquica, tira a alegria de viver e predispõe a doenças mentais, como depressão e ansiedade, porque o acúmulo de lixo emocional dificulta a interação com outras pessoas. Alguém magoado, rejeitado e abandonado afetivamente na infância, por exemplo, pode se tornar hostil e viver "na defensiva", interpretando qualquer crítica como agressão e reagindo violentamente a ela. Torna-se arrogante, autoritária, fria e indiferente, com imensa dificuldade em estabelecer vínculos, por sepultar a vida afetiva como defesa psicológica para não correr o risco de sofrer com novas rejeições.

Tristezas sem causa aparente, medo sem motivo, perfeccionismo, ansiedade, insegurança, podem resultar igualmente de mágoas e culpas recalcadas na mente. Por isso, o perdão é importante mecanismo para a felicidade plena, porque liberta o ofendido, não o culpando pela ofensa, visto que, pela lei de Deus, este deverá reparar o erro cometido para que a justiça se complete, mesmo que isso aconteça em outras vidas.

O bom é saber que é possível aprender a perdoar, como veremos mais adiante.

O perdão não faz a outra pessoa correta.
Ele te faz livre.
(Chico Xavier)

O perdão é gota divina, porque é o único
caminho para a cura interior.
(Padre Léo)

CAPÍTULO 4

ARQUIVAR MÁGOAS E RESSENTIMENTOS É PRODUZIR DOENÇA

QUANDO GUARDAMOS MÁGOAS, NOSSO cérebro produz substâncias químicas e hormônios ligados ao estresse, como adrenalina e cortisol, que alteram o funcionamento de nosso organismo. É fato conhecido que essas substâncias têm a função de permitir processos de defesa ou fuga diante de agressões externas que põem em risco nosso equilíbrio físico e emocional. São, portanto, liberados nos momentos em que sofremos uma ofensa, para que possamos nos defender, seja enfrentando o agressor, seja fugindo dele.

De uma forma ou de outra, o objetivo é autoproteção. Porém, quando guardamos uma mágoa e revivemos mentalmente a dor que sofremos, nosso cérebro reage como se estivéssemos em perigo naquele momento e libera os hormônios do estresse, como se tudo estivesse acontecendo novamente, porque não distingue se aquela agressão aconteceu agora ou há três anos, pois relembrar é reviver e ressentir.

As emoções negativas acalentadas por longo tempo e rememoradas frequentemente favorecem o surgimento de enfermidades, especialmente as doenças cardiovasculares, como hipertensão arterial, angina, infarto e acidente vascular cerebral (derrame), pois a produção excessiva e continuada de adrenalina gerada pelo estresse psíquico causa contração dos vasos sanguíneos, piorando a circulação e aumentando a pressão arterial. Da mesma forma, gastrites, colites e enxaquecas são doenças relacionadas diretamente com o estresse psicológico prolongado.

Há também pesquisas que correlacionam o acúmulo de mágoas e ressentimentos com maior probabilidade de desenvolvimento de câncer[13]. A importância do perdão reside no fato de que somente ele pode desmontar essa cascata de hormô-

13. Ballone GJ - PsiqWeb - Raiva e câncer.

nios deletérios (se em doses altas ou por tempo prolongado).

O fato é que não podemos desfazer a agressão que gerou a mágoa, porque não temos poder sobre os outros. Mas podemos escolher pensar no quanto fomos vítimas, o quanto fomos machucados e com isso perpetuar o nosso sofrimento. Ou, ainda, podemos escolher pensar no quanto fomos fortes para sobreviver ao que aconteceu e mudar o nosso foco. Não significa que devamos passar por cima da tristeza, da dor e da raiva que sentimos, mas precisamos aprender que existe um tempo para esses sentimentos.

Podemos escolher relembrar o fato inúmeras vezes como "eternas vítimas" dentro da história, o que nos dá a sensação de que o sofrimento pelo qual passamos nunca será esquecido ou ainda o temor de que, ao abandonar a dor, pudesse liberar o agressor de pagar pelo que fez. Embora conservar a mágoa nos mantenha ligados à pessoa que nos fez sofrer, ela provavelmente não está sofrendo nem mais e nem menos por isso. Para ela, é indiferente se mantemos a mágoa dentro de nós.

O perdão, renovando os laços de amor e removendo barreiras, permite a cura e a libertação da enfermidade psicossomática gerada pela mágoa, e isso pode ser explicado cientificamente. Toda ação no bem - e o perdão é uma delas - promove saúde e bem-estar.

Interessante conhecer um estudo liderado pelo neurocientista brasileiro Jorge Moll Neto[14], pesquisador do Instituto Nacional de Saúde, dos Estados Unidos, que traz agora uma nova explicação. Ao fazermos uma boa ação, segundo ele, acionamos no cérebro o sistema de recompensa através da liberação de dopamina, que nos transmite intensa sensação de prazer. O mesmo ocorre quando comemos chocolate, quando fazemos sexo ou quando ganhamos dinheiro, por exemplo. A pesquisa foi feita com 19 voluntários submetidos à ressonância magnética funcional enquanto tinham de decidir o que fazer com os US$128 que haviam acabado de receber: se guardavam para si ou doavam para alguma instituição filantrópica.

Na pesquisa coordenada por Moll, só de pensar em fazer o bem os voluntários já ativavam o sistema de recompensa e liberavam uma carga do mensageiro cerebral envolvido na sensação de

14. Médico e neurocientista - www2.uol.com.br/vyaestelar/cerebroaltruismo.htm.

prazer e bem-estar. Além de transmitir a sensação de prazer, a dopamina atua também na função motora do corpo humano, sendo responsável pela execução de movimentos voluntários (aqueles que ocorrem de acordo com a nossa vontade), assim como melhora a capacidade de concentração e memorização.

Cada vez mais estudos provam que um dos fatores-chave para a longevidade, saúde e bem-estar é saber desenvolver o hábito de sentir gratidão e de deixar para trás mágoas do passado, com a consequente diminuição de ressentimentos.

Pesquisadores da Universidade de Virgínia[15] identificaram que tanto o rancor quanto o processo orientado para a vingança trazem consequências bastante prejudiciais à saúde e ao bem-estar, pois geram raiva com contínua ruminação do problema. E os efeitos disso sobre a saúde nem sempre aparecem de forma imediata. Muitas vezes, passam anos até que uma doença se desenvolva e se

15. Essas informações foram extraídas de um artigo publicado pela psicóloga Denise de Assis, que fez um resumo do artigo dos autores: Everett L. Worthington Jr Æ, Charlotte Van Oyen Witvliet Æ Pietro Pietrini Æ Andrea J. Miller. Virginia Commonwealth University, 2007. Veja mais no site www.cienciaeespiritualidade.com

descubra que a causa está relacionada com alguma situação do passado que não foi resolvida. E o perdão será importante para que se concretize a cura da enfermidade por ela gerada.

A disposição em perdoar, além de ajudar na recuperação da saúde, também atua no processo imunológico, fortalecendo e fazendo o organismo tornar-se menos propenso a doenças.

Outro fator de relevância demonstrado nas pesquisas evidencia que a busca pela espiritualidade, aliada ao suporte profissional adequado, possui papel muito importante em períodos de transição, confusão e perda: a dor e o ressentimento podem dar lugar à paz e a sentimentos positivos. A religiosidade pode auxiliar como objeto de transformação, trazendo novas interpretações para os sofrimentos, contribuindo para o bem-estar físico e mental.

Sem dúvida alguma, Jesus sabia que uma das coisas mais complicadas e difíceis que nós humanos temos que fazer na vida é reagir ao mal com bondade e perdoar o imperdoável. Sabia que temos a tendência de agir com raiva, angústia, depressão, desejo de vingança, ódio etc. Apesar disso, ensinou a perdoar sem limites para proteger nossa saúde física, mental e espiritual. Foi preciso que a ciência caminhasse 2 mil anos para que pudesse explicar o significado de suas doces palavras que devem ter chocado seus ouvintes: *"Perdoa não sete vezes, mas setenta vezes sete"*, porque o perdão fará você mais feliz e o manterá saudável. E você merece isso.

O espírito que adquire a virtude do perdão não achará dificuldade em mais nada. Haja o que houver, aconteça o que acontecer, ele saberá administrar sua vida.

(Chico Xavier)

Perdoe aos outros não porque eles merecem, mas porque você merece a paz.

(Autor desconhecido)

CAPÍTULO 5

VOCÊ NÃO É MÁ PESSOA POR SENTIR RAIVA

VIVEMOS NOS DIAS DE hoje o imenso paradoxo de assistir à lenta desintegração da vida em comunidade, que nos transmitia a sensação de pertencimento, amor, segurança e proteção, necessidades básicas de todo ser humano, ao mesmo tempo em que a globalização exige maior cooperação e envolvimento entre as pessoas. Pais sofrendo pressões de ordem econômica têm menos tempo para se dedicar à educação dos filhos que se revelam mais perturbados emocionalmente que as gerações anteriores, quando a vida familiar e social era mais aconchegante. Vemos, nos dias de hoje, um aumento expressivo nas queixas de solidão, revolta, ansiedade, humor depressivo,

> com aumento da impulsividade e agressividade, tanto entre crianças como em adultos.
>
> O egoísmo, a violência e a mesquinhez estão banindo a bondade de nossas relações com o outro, pois o altruísmo necessita da empatia, capacidade de identificar as emoções no outro. Precisamos ter noção do que o outro necessita e perceber a sua dor, seu sofrimento, para que possamos nos envolver com ele. Por isso, nos dias de hoje, precisamos urgentemente desenvolver o autocontrole e a piedade.[16]

Todas as emoções humanas têm uma função específica e foram sábios guias emocionais ao longo de nossa evolução. Discute-se muito sobre quais seriam as emoções primárias que dariam origem às demais, e, embora não haja consenso entre os pesquisadores, boa parte deles concorda que possa haver famílias onde elas se reuniriam[17]. Raiva, tristeza, medo, alegria, amor, vergonha, nojo, surpresa seriam consideradas emoções básicas.

A ideia de que poderiam existir emoções bá-

---

16. Goleman, Daniel - *Inteligência emocional* - Ed. Objetiva - 72ª edição - 1995
17. Idem, idem Apêndice A.

sicas surgiu com os estudos de Paul Ekman, na Universidade da Califórnia, em São Francisco, que demonstraram que as expressões faciais de medo, ira, tristeza e alegria são reconhecidas por todos os povos[18].

Interessante lembrar que a palavra *emoção* vem do latim *movere* indicando que todas as emoções implicam algum tipo de movimento, de resposta adaptativa, uma propensão para agir imediatamente.

Desse modo, o amor e a alegria, por exemplo, provocam uma reação de relaxamento que instaura um estado geral de calma que aproxima e motiva as pessoas, facilitando a cooperação mútua. Ao contrário, a tristeza causa um embotamento afetivo e leva ao desinteresse pelo que ocorre fora de si, pois sua função é criar espaço para a reflexão, a reprogramação da vida e colheita do aprendizado em situações de perda. A interiorização gerada pela tristeza ajuda o indivíduo a resolver seus conflitos ou que possa sair de cena, ir para os bastidores de sua vida, fugindo temporariamente dos estímulos adversos dos quais não pode fugir nem enfrentar, por enquanto.

18. Idem, idem.

Na raiva, por exemplo, o sangue flui para as mãos, permitindo entrar em luta corporal com o inimigo, enquanto no medo o sangue flui para as pernas, facilitando a fuga. Logo, cada emoção tem uma função, e nenhuma delas deve receber um julgamento moral do tipo "sentir raiva é feio, pecaminoso, errado ou indigno".

A raiva surge em todas as situações onde a pessoa se sentiu invadida, desrespeitada, desconsiderada, ofendida, assim como nos casos em que se sofre um dano com prejuízo moral ou material e sua função é criar medidas defensivas que parem a agressão, o dano ou a ofensa, impondo limites ao ofensor, protegendo a vítima em visível sinal de *autoamor*, ao mesmo tempo em que educa o ofensor para que ele entenda que esse comportamento é prejudicial, numa atitude de *amor ao próximo*, pois, quem ama, educa, e não é conivente com os erros.

Porém, como a pessoa vai lidar com esse sentimento dependerá dos recursos psíquicos que possua. Há quem opte por descarregar a raiva na forma de violência física ou verbal. E há quem prefira arquivá-la dentro de si na forma de mágoa e ressentimento. O ideal é transformá-la em palavras que eduquem o ofensor e paralisem a ofensa, como supracitado. Não podemos deixar de sentir raiva, mas podemos controlar o modo de expressá-la e aprender a fazer isso de forma eficiente.

O fato é que a dor causada pela ofensa gera uma barreira entre as pessoas em conflito e causa ruptura no relacionamento. Por mais que o ofendido se esforce para agir como se nada tivesse acontecido, fica difícil não sentir que as coisas não estão como antes. Isso acontece porque somos senhores do nosso comportamento, mas não dos nossos sentimentos. Além disso, é da natureza humana querer justiça.

Contudo é interessante notar que a justiça, no sentido de fazer com que a pessoa seja punida pelo erro que cometeu, não remove a barreira que a ofensa causou. Quando a pessoa "paga" pelo que fez, a vítima da ofensa e a sociedade se satisfazem dizendo: "Bem feito! Teve o que mereceu". Mesmo assim, o ofendido segue magoado com a dor da ofensa, e as barreiras que o impedem de ser feliz continuam existindo, assim como a ruptura no relacionamento permanece.

Pesquisas indicam[19] que somente o arrependi-

---

19. CHAPMAN, Gary e THOMAS, Jennifer M. - *As cinco linguagens do perdão* - Ed Mundo Cristão - 2006.

mento sincero, seguido do pedido de desculpas, inicia o processo que culmina no perdão e libertação da dor do ofendido.

Mas é interessante lembrar que a intensidade da dor da ofensa é proporcional ao grau de intimidade no relacionamento e à intensidade do vínculo afetivo. Por isso, a traição do cônjuge, do amigo, do filho, do irmão ou dos pais gera uma dor intensa, de difícil reparação, mesmo quando se arrepende e se pede perdão. A dor da traição é muito grande porque não vem de um inimigo, mas de um amigo, de alguém com quem se compartilha a vida íntima, alguém acima de qualquer suspeita, alguém em quem se deposita confiança plena.

Jesus foi traído, negado e abandonado por seus amigos íntimos. Judas o vendeu por trinta moedas e ainda o identificou para seus algozes dando-lhe um beijo no rosto. Pedro o negou três vezes, temendo ser arrastado com seu Mestre para a lapidação pública ou a crucificação. Na hora do testemunho todos os seus amigos o abandonaram, exceto João.

Mesmo assim, Jesus acolheu a todos com extrema compaixão. Parece não ter se sentido ofendido com a atitude danosa daqueles a quem mais amava. Isso demonstra que talvez não seja a ofensa em si que cause a mágoa, mas a interpretação que se faz da atitude do outro vista como ofensiva, pois ele poderia ter feito melhor do que fez. Jesus entendeu que seus amigos não foram ingratos, mas estavam paralisados pelo medo e não viam em seu Mestre alguém que precisasse de ajuda.

Interessante notar que as atitudes dos apóstolos foram previstas por Jesus na última ceia: *Ferirei o pastor, e as ovelhas se dispersarão.*[20] Ao fazer isso, Jesus protege sua emoção, vacina-se contra a mágoa e o ressentimento, aliviando a própria dor, porque sabia que as pessoas não são perfeitas e que podem falhar no momento em que mais se precisa delas. Portanto, não devemos ter altas expectativas com o desempenho dos outros. Além disso, ensina que nos invernos de nossa existência, nos momentos mais difíceis de nossa vida é possível que tenhamos que passar por tudo sozinhos, mas que somos capazes de fazer isso.

Outra razão de o Mestre dar a conhecer aos seus apóstolos que previa a traição era mostrar que não exigia nada deles, que ele os amava mesmo que fizessem de tudo para não merecer seu

---

20. Marcos 14:27.

amor. Além disso, demonstrava que eles não se conheciam verdadeiramente, que havia um lado sombrio em suas personalidades, pois, quando Pedro afirma *Mesmo que tiver que morrer contigo, não te negarei*[21], com certeza acreditava que não falharia no momento do supremo testemunho. Mas, como se sabe, Pedro negou o Mestre por três vezes, paralisado pelo medo.

Ao avisar os seus discípulos de que poderiam fracassar na hora do testemunho, Jesus "vacina-os" contra o sentimento de culpa avassaladora que os tornaria psicologicamente inválidos para a função de divulgadores do Evangelho. *Jesus queria prepará-los para que não desistissem de si mesmos, apesar de seus erros*[22], que se perdoassem e que prosseguissem com a missão que lhes dera.

Jesus não queria romper com seus amigos; optou por compreender suas fragilidades e não deixou que a mágoa criasse um abismo entre eles, pois, quanto mais amamos a pessoa que falhou conosco, maior nosso desejo de nos reconciliarmos com ela. Torcemos para que ela reconheça o erro

---

21. Mateus 26:35.
22. Cury, Augusto J. – *Análise da inteligência de Cristo 2 – O mestre da sensibilidade* – Ed. Sextante - 2006.

e peça perdão, pois queremos perdoá-la. Portanto, embora o desejo de fazer justiça seja grande, maior é o desejo de reconciliação. A força do amor é maior do que a força do ódio.

A lição mais importante que extraímos desse ensinamento do Cristo é que não devemos fazer de alguém a "pessoa ideal". Por mais que pareçam perfeitas aos seus olhos, em algum momento ela vai decepcioná-lo e você terá que perdoá-la por isso.

Mas é importante compreender que só existe perdão e reconciliação verdadeira se houver um pedido de desculpas, da mesma forma que Deus nos perdoa quando dirigimos a Ele nossas preces sinceras de arrependimento por nossas faltas, ou ainda "quando confessamos nossos pecados a Deus e nos arrependemos"[23]. "Confessar os pecados" significa assumir o erro; e arrepender-se significa mudar de comportamento.

O perdão gratuito, aquele que ocorre sem que o ofensor se arrependa, é possível ao ofendido quando ele escolhe desculpar quem o ofendeu para se libertar da dor e seguir em frente. Raramente, nes-

23. Efésios 4:32.

ses casos, há cura real da ferida, pois a barreira no relacionamento provocada pela ofensa continuará existindo.

A ruptura do relacionamento afetivo poderá manter-se, mesmo que a convivência pacífica possa ser restabelecida, mas não haverá reconciliação. E a lembrança da ofensa permanece viva, com o objetivo de evitar que se possa ser lesada outra vez. O verdadeiro perdão com reconciliação e esquecimento da ofensa que restaura os laços rotos só acontece quando há arrependimento genuíno e pedido formal de perdão, como veremos adiante.

Almas nobres como Jesus Cristo não têm necessidade de perdoar, porque não se sentem ofendidas. Seu amor é pleno, e sua capacidade de compreensão da imperfeição humana é incomensurável.

Aquele que se recusa a perdoar destrói
a ponte sobre a qual ele também
deve cruzar.
(Confúcio)

O fraco nunca consegue perdoar. O
perdão é atributo dos fortes.
(Mahatma Gandhi)

CAPÍTULO 6

POR QUE É TÃO DIFÍCIL PERDOAR?

COMO VIMOS, A OFENSA causa mágoa, decepção, perda da confiança, sensação de traição e rejeição porque pensamos que, se uma pessoa nos ama, ela não seria capaz de nos ferir. Além do mais, o senso de justiça clama por uma resposta à altura. A raiva fica contida e, com o tempo, acaba causando danos ao seu portador ou degenera em violência física ou verbal contra o agressor, na primeira oportunidade.

Precisamos compreender que perdão não é um sentimento, mas uma atitude de quem decide desculpar o erro da pessoa para que ela possa continuar participando de sua vida. O perdão remove as barreiras do relacionamento. Suspende a vingança, abre mão do castigo, pois nos idiomas grego e hebraico o significado da palavra *perdoar* é cobrir, levar para longe, usar da graça com alguém.

A grande dificuldade em perdoar, diz Gary Chapman[24], reside no fato de que o perdão traz um custo muito alto para a parte ofendida:

> Para perdoar você, ela terá de abrir mão de seu desejo de ver a consumação da justiça. Ela precisará abrir mão de seu sofrimento e de sua raiva, bem como do constrangimento e da humilhação pelos quais precisou passar. Ela deverá superar os sentimentos de rejeição e traição. Em alguns casos, ela terá de conviver com as consequências do erro que você cometeu, tal como um filho fora do casamento, uma doença sexualmente transmissível, uma mácula em sua reputação, a lembrança constante das palavras agressivas ou das agressões físicas que sofreu etc.. Por isso o perdão pode demandar tempo.

Pedir perdão, reconhecer o erro, demonstrar arrependimento, estar disposto a repará-lo e acima

24. CHAPMAN, Gary e THOMAS, Jennifer M. – *As cinco linguagens do perdão* – Ed. Mundo Cristão – 2006.

de tudo mudar o comportamento de forma convincente, estas atitudes podem restabelecer progressivamente a confiança e restaurar o relacionamento.

Por isso o evangelista diz: *Se o seu irmão pecar* (magoar, ferir, invadir, causar dano físico ou moral), *repreenda-o* (mostre onde errou com você para que ele possa entender seu erro) *e, se ele se arrepender* (mudar seu comportamento), *perdoe-lhe...* (Restabeleça os laços com ele).[25]

25. Lucas 17:3-4.

O primeiro a pedir desculpas é o mais valente. O primeiro a perdoar é o mais forte. O primeiro a esquecer é o mais feliz.

(Papa Francisco)

Nós nunca perdoamos o ato. O abuso, a trapaça financeira, a infidelidade em si são imperdoáveis. O ato está marcado na nossa vida e não pode ser apagado. Perdoamos, sim, a pessoa que praticou o ato, caso queiramos manter a convivência com ela. [...]. De acordo com a história familiar de cada um, haverá uma capacidade maior ou menor de perdoar. Se a pessoa, por exemplo, teve uma rejeição ou um abandono mais forte, na sua vida familiar vai ter maiores dificuldades para perdoar.

(Dr. Moisés Grossman)

CAPÍTULO 7

Por que é tão difícil pedir perdão?

EM SUAS PESQUISAS SOBRE a dificuldade que algumas pessoas sentem para pedir perdão, Dr. Chapman identificou a crença que algumas pessoas têm de que "errar significa fracassar; acertar significa ter sucesso. É como se o erro transformasse o indivíduo numa má pessoa, e o acerto transformasse o indivíduo numa boa pessoa". É um juízo de valor moral: errar é do mal, acertar é do bem. Ao dizer "me desculpe, eu errei", o indivíduo fica vulnerável, pois o controle da situação sai das suas mãos e vai para as mãos do outro. A ele cabe a decisão de perdoar, acolher, restaurar o vínculo ou rejeitar, abandonar e romper definitivamente o vínculo. O ofensor fica na mão do ofendido.

Crer que se tem o controle da vida dá sensação de segurança. Pode-se, portanto, dizer que são três os fatores que dificultam o perdão:

1 *O medo de perder o controle* - ficar na mão do outro aguardando seu veredicto. A ele cabe decidir o futuro do relacionamento.
2 *Medo da rejeição* - correr o risco de pedir perdão e ter o seu pedido rejeitado pelo outro transmite sensação de rejeição e abandono, alguns dos medos universais do ser humano.
3 *Medo do fracasso* - admitir o erro significa admitir fracasso, e isso gera autorrejeição e autoabandono, assim como diminui a autoestima.

Além de não pedir perdão, esse tipo de indivíduo piora a dor do ofendido ao dizer "só estou tentando mostrar a verdade que você não quer ver". Ou, pior ainda, culpa a outra pessoa pelo que aconteceu, dizendo: "Se você não tivesse feito isso, eu não teria ficado nervoso e não teria gritado com você".

Outro equívoco importante é o fato de a pessoa pedir perdão e achar que o outro tem a obrigação de perdoar. Nem sempre isso ocorre, pois, perdoar, essencialmente, implica abrir mão do direito de punir o ofensor e trazê-lo para perto, restaurando o relacionamento. Mas algumas pessoas conseguem abrir mão do direito de punir e exigir justiça, mas não querem restaurar o relacionamento, preferindo ficar longe que quem o ofendeu. Deixam de nutrir ódio e desejo de vingança, mas não querem reconciliação. Sepultam o ofensor e a ofensa para não correrem o risco de sofrer novamente.

"Já lhe pedi perdão um milhão de vezes." É uma fala comum de quem exige o perdão, como se o ofendido tivesse a obrigação de lhe perdoar a partir do momento que reconheceu o erro e pediu desculpas. Se ele não perdoa, passa a ser culpado pelo fato de não ser misericordioso. Isso aumenta a dor do ofendido.

Algumas pessoas nunca pedem perdão porque não conseguem enxergar erros nelas próprias. Frequentemente dizem que não erraram e que, se houve algum erro, a culpa foi do outro. "Foi ele quem provocou." Sentem-se eternamente vítimas dos outros, jamais algozes, porque não conseguem enxergar a sua parcela de contribuição no fato que culminou numa discórdia. Quase sempre elas foram filhos de pais que tinham o costume de culpar a criança por tudo o que acontecia de ruim, desenvolvendo baixa autoestima com relação a elas próprias.

Tais pessoas passam a acreditar que errar não é uma coisa normal e se sentem diminuídas e inferiorizadas quando erram. Por isso não admitem culpa e a projetam sempre nos outros. Na verdade desconhecem o fato de que pedir perdão melhora a autoestima, porque reata laços rompidos pela mágoa, aumenta o respeito e a admiração nos que nos rodeiam.

Outras pessoas não pedem perdão porque acham que não vale a pena, porque desistiram de investir no relacionamento. Isso é comum nos relacionamentos afetivos onde as discussões frequentes geraram intensas mágoas e ressentimentos que criaram barreiras à restauração do relacionamento. Quando se desiste de valorizar o relacionamento, a parte que foi ofendida de forma sistemática opta por desistir de esperar o pedido de perdão. E a outra parte, a que ofende, não se reconhecendo causadora da ofensa, escolhe desistir de tentar se reconciliar, rotulando a outra pessoa como melindrosa demais, alguém com quem não vale a pena se relacionar.

Fingir que não doeu e justificar o comportamento do ofensor, entendendo que é o seu jeito de ser, é uma escolha das pessoas que querem manter o relacionamento a qualquer custo, mas nesses casos o distanciamento afetivo vai ficando cada vez maior e, mesmo que não haja ruptura da relação, há morte lenta e progressiva do afeto.

Por isso, quanto mais tempo se passa desde que a ofensa ocorreu, mais o ressentimento se solidifica. É uma guerra onde todos perdem. Enquanto a culpa é empurrada de um lado para outro e cada um espera que a outra parte peça perdão, o problema se agiganta, e as distâncias se aprofundam, dificultando a reconciliação. O relacionamento se desgasta, até que um dos envolvidos simplesmente desiste de lutar para restaurar laços.

A questão não é encontrar o culpado, mas aliviar a dor daquele que se sentiu ofendido. Mesmo quando não se tem a intenção de magoar ou ferir, se você identificou que o outro interpretou a sua atitude como ofensiva, se apresse a pedir desculpas, para que a paz se restabeleça.

Finalmente, há pessoas que não pedem perdão porque acham que isso é sinal de fraqueza. São impulsivas, do tipo "bateu, levou", e respondem às ofensas na base do "olho por olho dente por dente". Estão presas ao ensinamento mosaico, esquecendo que Jesus retificou essa lei dizendo que o amor deve ser a base dos relacionamentos humanos. Interessante notar que esse tipo de pessoa "não leva desaforo pra casa", mas também não leva amor, carinho, respeito ou consideração de ninguém.

O perdão interpessoal é uma atitude moral na qual uma pessoa considera abdicar do direito ao ressentimento, julgamentos negativos e comportamentos negativos para com outra pessoa que a ofendeu injustamente. E, ao mesmo tempo, nutrir a compaixão, a misericórdia, e possivelmente o amor para com a pessoa que ofendeu.

(Freedman Enright)

Penso que Deus não perdoa nem castiga, pois não é a Ele que ofendemos e sim ao nosso irmão. O que Deus faz quando pedimos perdão é dar a oportunidade de estar frente a frente com quem nos feriu ou a quem ferimos para que possamos pedir e ofertar o perdão, concedendo, em seguida, a oportunidade para a reparação da falta, mesmo que seja em outra encarnação.

(Elaine Aldrovandi)

CAPÍTULO 8

É POSSÍVEL APRENDER A PERDOAR?

PEDIR PERDÃO É ALGO que se aprende e que deve ser ensinado desde a infância. Em seu livro, o Dr. Chapman cita o exemplo de uma criança que inadvertidamente esbarra em um objeto derrubando-o ao chão e instintivamente diz que o objeto caiu sozinho.

O adulto que observa a cena pode aproveitar para ensinar que erros acontecem e que fazem parte da vida, mas que é preciso assumir a responsabilidade por eles sem medo ou culpa. Basta dizer: "Não, não caiu sozinho. Você esbarrou nele, e ele caiu, mas eu vi que foi sem querer. Diga: "derrubei sem querer". Se isso acontecer na casa de algum amiguinho, peça desculpas dizendo: "derrubei sem querer, sinto muito por tê-lo quebrado, me desculpe; vou pedir para o meu pai comprar outro".

Diz o referido autor que subestimamos as crianças, pensando que elas não são capazes de entender o erro e que serão incapazes de pedir desculpas. Mas ensinamos nossas crianças a dizer "obrigado", quando recebem algum presente ou guloseima, assim como ensinamos expressões como "por favor" e "me dê licença". Ensinamos a dividir um lanchinho com um amiguinho ou a oferecê-lo para ele, provando que somos educados. Mas esquecemos, muitas vezes, de ensinar a criança a reconhecer que errou e principalmente de ensinar as linguagens do perdão.

Dr. Chapman afirma que mesmo crianças muito pequenas podem ser incentivadas a assumir responsabilidade sobre o que fazem. Ele relata a história de uma criança de dois anos que olhou uma batata frita que ele havia colocado em sua mão, apertou-a com firmeza entre os dedinhos e a quebrou em dois pedaços. A garotinha disse: "A batatinha quebrou". E o pai corrige a filha, dizendo que ela quebrou a batatinha ao espremê-la entre os dedos e a ensina a corrigir a frase dizendo: "Eu quebrei a batatinha".

Ensinar uma criança a assumir responsabilidade sobre seus atos, sem diminuir sua autoestima com palavras grosseiras como "você é burra" ou "você é desastrada", demonstra que errar faz parte do processo de aprendizado e que reconhecer o erro é o primeiro passo para não voltar a cometê-lo.

No caso da batatinha não há prejuízos para os outros, mas é preciso ensinar as crianças que muitos dos nossos atos afetam as outras pessoas e que elas reagem a eles. Muitas vezes identificamos a reação, mas não percebemos a ação que motivou essa reação e nos sentimos vítimas da agressividade do outro.

É muito importante ensinar para as crianças que a vida tem regras e que algumas delas se modificam de um lugar para outro. Por exemplo, em casa os pais permitem que a criança brinque com o controle remoto da TV, mas na casa da vovó isso não é permitido. Então os pais devem ensinar à criança que na casa da vovó ela não pode brincar com o controle remoto, porque essa é a regra deles. E que, quando estiver na casa de um amiguinho, será conveniente perguntar se pode fazer aquilo ou não.

É importante dar exemplo aos filhos, pedindo perdão a eles quando extrapolamos os limites e os ofendemos. Alguns pais têm medo de reconhecer erros perante os filhos e ter sua autoridade diminuída perante eles. Mas o fato de pedir desculpas aproxima pais e filhos, permite que os mundos de ambos se cruzem, ensinando ao filho que ele também pode errar e pedir perdão quando precisar.

Q. 333 - Na lei divina há perdão sem arrependimento?

R - [...] A concessão paternal de Deus, no que se refere à reencarnação para a sagrada oportunidade de uma nova experiência, já significa, em si, o perdão ou a magnanimidade da lei. Todavia, essa oportunidade só é concedida quando o espírito deseja regenerar-se e renovar seus valores íntimos pelo esforço nos trabalhos santificantes. Eis porque a boa vontade de cada um é sempre o arrependimento que a Providência Divina aproveita em favor do aperfeiçoamento individual e coletivo, na marcha dos seres para as culminâncias da evolução espiritual.

(*O Consolador* - Emmanuel)

Arrependimento[26] e fé em Cristo geram o perdão de Deus.

(Atos 2:37-39)

---

26. Arrependimento — mudança de rumo —, associado à fé e Jesus. Mas a fé sem obras é morta, como dizia o apóstolo Tiago. Portanto, é preciso crer e concretizar a crença em atitudes.

CAPÍTULO 9

Arrepender-se e admitir o erro

Antes de tudo, para ter algum valor, o pedido de desculpa deve ser sincero. O conselheiro de relacionamentos, Dr. Chapman, sugere cinco linguagens que devem ser utilizadas para que o pedido de perdão possa ser aceito. Essas linguagens serão analisadas neste e nos próximos capítulos.

Manifestação de Arrependimento: "Me desculpe, sinto muito"

Significa que se tem consciência da culpa e da dor causada pela ofensa. *A parte ofendida é tomada pelo sentimento de mágoa. Para ela, é importante que o responsável por sua dor também a sinta. Ela precisa de provas de que aquele que a ofendeu tem noção da mágoa que causou.* Para isso é preciso ver a situação do ponto de vista do ofendido, como ele enxergou a situação, como se sentiu, saber por que ficou magoado, o que significou para ele aquela situação.

Muitas vezes pedimos desculpas, mas não há reconhecimento de culpa ou arrependimento, apenas dizemos "me desculpe" para poder nos livrar da discussão, algo como: "Tá, eu errei. Chega de falar, não vou fazer mais isso. Chega de chorar". Nesse caso, estamos dizendo "me desculpe", mas é da boca pra fora.

O corpo expressa os sentimentos mais do que as palavras: uma voz embargada, lágrimas nos olhos, cabeça pendida pra frente associado ao pedido de desculpas demonstram arrependimento real. Mas se não for verdadeiro o arrependimento, não simule sentimentos que não possui. Caso contrário, o ofendido se sente duplamente agredido: pela ação que causou a mágoa e pela hipocrisia na hora de pedir desculpas.

Melhor do que dizer – "tá bom, vai, me desculpe! Não vamos mais tocar nesse assunto!" – seria usar estas palavras: "Honestamente, ainda não entendi onde errei. Ajude-me a entender por que você se sentiu tão ofendido. Quero entender seus sentimentos para não lhe magoar outra vez, porque lhe considero muito".

Outro grande erro de quem tenta se desculpar está no fato de tentar culpar o ofendido pelo que aconteceu. Algo como "também, você quer me controlar o tempo todo, não me dá espaço; por isso eu fico violento". Ou algo como: "Eu lhe dei uma bofetada porque você gritou comigo primeiro".

> Sempre que um pedido de perdão é seguido da apresentação de alguma justificativa pelo erro cometido, a desculpa anula a intenção original. Apenas admita à pessoa que você a magoou e decepcionou, sem querer ou de propósito. Não peça perdão tentando depois justificar o erro. Basta pedir desculpas.

O pedido de perdão deve ser focado em dois pontos fundamentais: a dor e o constrangimento que a ofensa causou e a busca de uma solução para o comportamento inadequado que deverá ser sinceramente evitado. É uma demonstração de empatia com o ofendido.

Pode-se dizer, por exemplo, para alguém com quem você marcou um encontro e se atrasou para chegar: "Sinto muito tê-la feito esperar. Sei que você tem compromissos e que meu atraso causou constrangimentos em sua agenda. Mas prometo me esforçar para que isso não volte a acontecer".

Quando perder o controle e humilhar alguém: "Perdoe-me por ter gritado com você. Realmente não deveria perder o controle. Imagino o quanto isso a machucou. Você é especial e merece todo meu respeito e consideração. Prometo tentar controlar melhor meus impulsos. Sinceramente, me desculpe."

Quando a pessoa não quer ouvir o pedido de perdão, é possível escrever algumas palavras e enviá-las à pessoa ofendida.

Aceitação da Responsabilidade: "Eu errei"

Após arrepender-se por ter magoado alguém, é necessário manifestar a segunda linguagem do perdão que é esta: Aceitação da responsabilidade: "Eu errei". Muitas vezes temos atitudes grosseiras ou usamos palavras ofensivas e, embora reconheçamos que passamos dos limites, temos dificuldade de pedir desculpas, porque reconhecer que erramos não é fácil.

Vimos que há muitas razões para que tenhamos essa dificuldade, mas todas elas se assentam no orgulho, pois admitir falha para uma pessoa orgulhosa é sinal de rebaixamento. Pessoas humildes admitem erros e pedem desculpas com facilidade porque se posicionam sempre como aprendizes diante da vida. Não são donos da verdade e se sentem iguais às outras pessoas, nem superiores, nem inferiores a elas. Qualquer pessoa pode errar, mas o orgulhoso não admite isso. É preciso lembrar-se de que o indivíduo orgulhoso e arrogante adota essa postura como compensação para sua baixa autoestima, pois intimamente se sente inferiorizado.

Muitas são as causas de baixa autoestima e entre elas estão rigorosas punições impostas a uma criança diante de todo e qualquer erro. De alguma forma a criança associa a ideia de que errar é algo inadequado a ponto de gerar a ira dos adultos à sua volta que a punem, rejeitam e abandonam afetivamente. Às vezes não é essa a intenção dos pais ou tutores, mas a criança pode interpretar dessa forma. Acha que somente será amada se fizer tudo certo e que ao errar será rejeitada. Estabelece-se desse modo uma correlação direta entre erro e autoestima, na qual, errar, rebaixa a autoestima; e acertar, eleva. Errar deixa de ser uma condição natural de quem não sabe ainda como fazer melhor do que fez.

Por isso esse indivíduo não admite erros, porque, ao fazê-lo, sente a autoestima abalada, e assim segue vida afora projetando a culpa sempre nos outros. Jamais erra e, se errar, será por culpa de alguém. Por isso é muito importante explicar à criança que errar é normal e que todo mundo erra. Mas é preciso assumir o erro e suas consequências, tentando repará-los sempre que possível, como disse anteriormente.

Um exemplo desse adulto que nunca admite culpa é o homem que, ao chegar à casa, irritado, ouve a esposa pedir que cuide do filho pequeno para que ela faça o jantar. Ele, então, "explode", dizendo que trabalhou o dia todo e que precisa descansar um pouco. Imediatamente, após a explosão de cólera, percebe que exagerou nas palavras rudes; sente-se culpado, mas, ao invés de pedir desculpas, projeta a culpa na esposa: "Está vendo, se você tivesse a sensibilidade de perceber que estou cansado, que trabalhei o dia todo e tive um dia muito difícil... Se me deixasse ao menos tomar um banho para relaxar antes de me dar mais serviço, isso não teria acontecido".

Que tal trocar isso por: "Desculpe-me! Amo você e sei que não merece ser tratada assim! Tive um dia difícil e sei que o seu também não foi fácil. Deixe-me tomar um banho rápido para relaxar e ajudo você com as crianças e o jantar".

Temos o direito de sentir raiva, mas não temos o direito de descarregar nossa raiva de maneira agressiva, magoando e ferindo os outros. Lembre-se que a raiva deve ser expressa com palavras que visam educar quem nos ofende para que ele não continue nos ofendendo, estabelecendo limites ao ofensor, evitando danos, invasões, prejuízos. O casal de esposos supracitados precisa de ajuda e necessita apoiar um ao outro. Não é fácil conter a raiva e as palavras rudes, por isso existem as palavras mágicas: "Me desculpe, eu errei". Algumas pessoas acham que basta dizer "me desculpe", "sinto muito", "me perdoe" como demonstração de arrependimento, enquanto outras pessoas querem ter a certeza de que o ofensor reconheceu que errou. Portanto, diga sempre: "Perdoe-me, eu errei".

Q.336 – O culpado arrependido pode receber da justiça divina o direito de** não **passar por determinadas provas?

R – O ensinamento de Jesus de que "o amor cobre a multidão dos pecados", traçando a linha reta da vida para as criaturas e representando a única força que anula as exigências da lei de talião, dentro do Universo infinito.

(*O Consolador* – Emmanuel)

Deus apaga nossas transgressões e não se lembra mais dos pecados cometidos.

(Isaías 43:25)

CAPÍTULO 10

NÃO BASTA ARREPENDER-SE; É PRECISO REPARAR

QUANDO OFENDEMOS ALGUÉM, CRIAMOS uma dívida com essa pessoa e precisamos repará-la para que a justiça seja feita. O ideal da "indenização reparatória" é devolver à pessoa o que lhe foi usurpado.

Quando se trata de um bem material, fica mais fácil promover a reparação, mas, e quando se trata de uma ofensa que rebaixou o nível de autoestima da pessoa, como, por exemplo, numa traição conjugal? E o dano à reputação causado por uma calúnia ou difamação? O que dizer dos danos físicos permanentes, como a perda de um membro ou de uma capacidade, num caso de atropelamento, por exemplo? E o assassinato, estupro, violência doméstica etc.?

O espiritismo acena com a possibilidade de reparar erros e ressarcir prejuízos, tanto nesta como em outras existências. Mas, e quem não crê em reencarnação? Como satisfazer o desejo de justiça?[27] Talvez um pedido sincero de desculpas, com reconhecimento do erro e o comprometimento com o fato de não mais repeti-lo com ninguém, pode ajudar. É preciso entender que toda ofensa causa alguma perda para a vítima, e isso precisa ser reparado. No caso de relacionamentos familiares, fraternos ou íntimos, a ofensa gera uma dúvida em quem se sentiu ofendido: "Ainda sou amado?"

Quase sempre as mágoas surgem porque a pessoa foi ofendida por quem ela ama e para quem sempre dedicou sua existência. Quanto maior o

27. Eis aí uma razão a mais para aceitar e compreender a magnanimidade da lei de reencarnação e a infinita misericórdia de Deus. Como reatar laços ou promover justiça quando o agressor já está desencarnado? Um exemplo: Vítimas do holocausto nos campos de concentração nazistas, durante a Segunda Grande Guerra, iniciaram verdadeira caça a seus carrascos. Alguns foram levados à prisão, menos Adolfo Mengele, que se manteve foragido até o início dos anos 80, quando uma ossada foi encontrada num cemitério clandestino de Bertioga, no litoral paulista, que, depois de muitas perícias, foi confirmada como sendo do médico nazista. Muitos judeus se sentiram frustrados, porque, para eles, a lei de talião não poderia ser cumprida. Mas, sob a visão espírita, sabe-se que a "vingança não se extingue com o sangue" e que aquele que infringiu a lei de amor não passará incólume ante a Suprema Justiça. (Nota do Revisor)

vínculo afetivo, maior a dor causada pela ofensa, e maior a dúvida. A ofensa quase sempre é interpretada como ingratidão, indiferença afetiva, desamor, desrespeito, desconsideração, e atinge o ponto fraco do ser humano: o desejo de ser amado e respeitado incondicionalmente. Palavras rudes e atitudes grosseiras colocam em dúvida o amor entre nós.

Portanto, para expressar arrependimento, não basta pedir perdão e demonstrar-se arrependido; é preciso demonstrar amor pela pessoa a quem se ofendeu e oferecer-se para reparar o erro. Para isso, Dr. Gary sugere que se utilize de algumas das técnicas por ele estudadas e amplamente discutidas em seu livro[28]. Elas são usadas para a *compensação do prejuízo* causado pela ofensa através da demonstração de amor, que é a terceira linguagem do perdão. Para isso, deve-se usar uma das linguagens do amor abaixo relacionadas:

1 – Palavras de afirmação

Algumas pessoas expressam seu amor usando

---

28. CHAPMAN, Gary - *As cinco linguagens do amor* - 2ª edição - Ed Mundo Cristão. 1995.

palavras que transmitam afeto e gratidão e para se sentirem amadas precisam ouvir essas palavras saindo dos lábios de quem a ama. Elogios do tipo "você está mais linda do que nunca"; "você é maravilhoso, lindo, atencioso"; "hoje sua comida estava ainda mais deliciosa"; "amo muito você"; "senti saudades e não via a hora de voltar pra casa" demonstram o amor em palavras.

Para algumas pessoas não basta que a pessoa que a ama proveja suas necessidades materiais; é preciso que afirme o seu amor em palavras claras. Essas pessoas adoram escrever mensagens carinhosas por todos os meios disponíveis, seja na forma de bilhetes, via celular ou internet antes de sair para o trabalho, e esperam receber esse tipo de demonstração de afeto.

No exemplo do esposo grosseiro supracitado, ele demonstraria arrependimento ao dizer "Desculpe-me, amor!". Reconheceria o erro ao dizer "Você não merece ser tratada assim!". Ao justificar sua agressividade por ter tido um dia difícil e afirmar não querer magoá-la porque a ama, ele reafirmaria seu amor pela esposa e, finalmente, ao se propor ajudá-la, não somente com as crianças, mas também com o jantar, demonstra uma tentativa de compensar o prejuízo.

Com isso ganha o direito de tomar um bom banho relaxante e preserva a harmonia do lar.

Já ouvi de muitos homens a seguinte frase: "Pago a conta de luz, de água e telefone; a escola das crianças, o convênio médico e as compras de casa. Dou tudo o que minha esposa precisa. Não deixo faltar nada em casa. Que mais ela quer?". Nesse caso fica evidente que prover necessidades é a maneira como esse homem expressa o amor para sua esposa. Porém, se a esposa necessita ouvir palavras que afirmem o amor, ela não se sentirá amada, apesar de estar sendo cuidada. Então para esses homens, eu digo que as mulheres querem ouvir: "Eu te amo; você está linda com esse vestido; senti saudades". Vale também um afago carinhoso, que não necessariamente culmine em sexo.

2 - Atos de serviço

Atos de serviço são ações que expressam gentileza, cuidado e apreço, como lavar uma louça, cuidar do bebê enquanto a esposa faz a comida, ajudar os filhos na lição de casa, pôr o lixo fora, aparar a grama, fazer a manutenção do carro do ente querido etc. Para esse tipo de pessoa, se ela está fazendo um trabalho e você fica assistindo televisão, gera a interpretação de que não se importa com ela.

Mesmo que você seja o provedor material da casa e que pague todas as contas dela, mesmo que diga que a ama, se não compartilhar as atividades, ela ficará com a sensação de que não a ama tanto quanto diz. "Se me amasse, me ajudaria mais."

Conheci um rapaz que reclamava muito de seu pai, porque todas as vezes que o via, este pedia que fizesse algo para ele, tal como lavar e encerar seu carro, por exemplo. Esse rapaz dizia que seu pai só lhe dava serviço e conselhos, mas nunca dizia que o amava, nunca o abraçava. Sentia falta disso. Perguntei, então, se seu pai cuidava dele, se provia suas necessidades materiais. Ele disse que sim, que nunca havia deixado faltar nada de que precisasse.

Como o jovem tinha o próprio carro, perguntei se o pai já tinha lavado e encerado seu carro. Ele respondeu afirmativamente. O pai frequentemente não apenas lavava e encerava seu carro, como levava ao posto para abastecer, calibrar pneus e aspirar toda a sujeira. Ficou evidente para mim que essa era a linguagem do amor de seu pai: atos de serviço. O pai esperava que o filho demonstrasse amor fazendo o mesmo por ele.

A linguagem de amor do filho eram as palavras de afirmação e o toque físico, pois ele esperava que o pai dissesse que o amava e o abraçasse. Pedi que convidasse seu pai para que juntos lavassem e encerassem o carro e que abraçasse o pai e dissesse que o amava muito. Pedi também que dissesse ao pai que ficava muito feliz com seu abraço. Desse modo ensinaria ao pai sua linguagem do amor ao mesmo tempo em que praticava a linguagem de amor do pai.

3 - Presentes

Enviar flores, uma caixa de bombons ou outro presente fora dos dias de aniversário e Natal pode expressar que se estava pensando na pessoa quando se decidiu comprar o presente. E isso indica que ela é importante.

Muitos homens presenteiam suas esposas com utilidades domésticas do tipo liquidificador, batedeira ou micro-ondas. São presentes de uso coletivo e não são adequados para expressar amor. Se você comprar uma geladeira nova para sua esposa porque acha que a de sua casa está velha, não faça isso em datas importantes para as mulheres, como dia dos namorados, aniversário dela ou aniversário de casamento.

Procure nesses dias usar algo mais romântico, como uma pequena joia (pode ser uma bijuteria de boa qualidade), ou lhe dê flores, bombons ou uma peça de roupa. Mas atenção: algumas pessoas associam ao preço do presente o valor que você dá para ela. Um presente de baixíssimo preço ou de qualidade inferior pode ser interpretado como sinal de que ela não é tão importante para você.

Na dúvida, antes de presentear alguém, homem ou mulher, procure observar o que ele ou ela costumam usar, verificar o estilo e marca de roupas, calçados e acessórios e ainda se o seu gosto é de uma pessoa simples ou sofisticada. Pergunte aos amigos ou entes queridos dessa pessoa o que ela mais gostaria de ganhar.

Se ainda assim não souber o que comprar, vá direto ao ponto. Diga que a ama e gostaria de lhe dar um presente, mas que tem medo de não comprar o que ela gostaria de receber, por isso prefere perguntar para não correr o risco de errar, pois ela é muito importante para você. Se não tiver recursos financeiros, estabeleça um preço que possa pagar, mas não se esqueça de dizer que nenhum presente do mundo está à altura do que ela merece receber, porque é uma pessoa muito especial.

4 – Tempo de qualidade

Dar atenção exclusiva, estar junto, prestando atenção é o mesmo que dizer: "Você é muito importante para mim". Quando está dando atenção para essa pessoa, você não atende ao telefone, não assiste TV, não lê revistas, não digita no computador. Pode ser por 10 minutos, mas a atenção dedicada à pessoa que você ama deve ser total e não deve ser dividida com ninguém.

Não há nada pior do que você conversar com uma pessoa, e ela não ficar de frente para você ou não olhar em seus olhos. Se ela fica ao seu lado e observa tudo a sua volta, se fica respondendo mensagens no celular ou passeando pelas redes sociais, passa a impressão de que você não é importante.

Conheci uma mulher que dizia que sabia que o namorado a amava porque, nos restaurantes e bares que frequentavam, ele se sentava diante dela, de costas para os outros, como se tivesse olhos somente para ela. Os casais devem sair em grupos, mas devem reservar um dia ou um momento em que possam ficar sozinhos e não dividir a atenção do ser amado com mais ninguém.

Faz parte do tempo de qualidade ter uma conversa de qualidade. Nesse caso é muito importante saber ouvir. Às vezes a pessoa conta um problema, querendo solidariedade, enquanto a gente ouve. E logo que entende o problema, já se apressa a dar conselhos e encontrar soluções. A pessoa quer apenas ser ouvida. Quer receber atenção e ser compreendida, acolhida. Ouvir com qualidade é ter empatia pelo que o outro pensa, sente e deseja, como se "escutássemos" seus sentimentos, evitando interrompê-lo.

5 - Toque físico

Finalmente, para demonstrar o amor que sentimos podemos abraçar o companheiro ou companheira, beijar, andar de mãos dadas, fazer massagens nas costas ou nos pés, cafuné nos cabelos, ter relações sexuais. Um beijinho e um afago ligeiro ao entrar e sair de casa ou do carro quando o cônjuge leva ou busca você no trabalho.

Ouço muitas reclamações de mulheres a respeito da falta do toque físico por parte de seus companheiros. Elas dizem que o namorado ou marido é muito carinhoso na hora do sexo, mas no dia a dia não abraça, não beija, não senta perto, não anda de mãos dadas na rua. São pequenos toques que expressam carinho. Quando uma mulher diz isso, claramente está demonstrando que o toque físico é uma de suas principais linguagens do amor.

E como saber qual a linguagem do amor que a pessoa amada precisa receber para se sentir amada e perdoar uma ofensa? Procure observar no dia a dia de convivência com ela qual a linguagem do amor que ela utiliza. Ela costuma dizer que ama, escreve bilhetes ou mensagens de amor, faz elogios? Então ela usa palavras de afirmação como sua principal linguagem de amor. Costuma presentear? É do tipo que abraça, beija, acaricia? Dá atenção exclusiva? Quer sair somente com você, sem amigos ou familiares? Adora ajudar você naquilo que está fazendo ou pede que a ajude nas tarefas da casa ou no cuidado com os filhos? Observe atentamente e descobrirá.

Algumas pessoas utilizam as cinco linguagens do amor, enquanto outras utilizam uma ou duas. Mas sempre há uma linguagem preferencial. Descubra e demonstre amor utilizando essa mesma linguagem e fará seu ente querido muito feliz.

Vale também estar atento às críticas que recebe da pessoa que o ama. Muitas vezes o que ela está cobrando que você faça indica justamente a linguagem de amor que espera receber de você. Porém, em matéria de perdão, além de expressar amor através das cinco linguagens referidas, precisamos tentar reparar o erro cometido. Por exemplo, se humilhamos publicamente, a retratação deve ser pública; se quebramos, consertamos; se tiramos do lugar, devolvemos.

Dr. Chapman sugere a frase abaixo para pedir desculpas, demonstrar arrependimento verdadeiro e compensar o prejuízo:

> **Exemplo 1:**
>
> Sinto muito, reconheço que fui excessivamente grosseiro e que isso a fez sofrer muito. Não acho que pedir desculpas seria o suficiente, por isso gostaria de reparar o meu erro ou compensá-la de alguma forma. O que eu poderia fazer para reparar o mal que lhe fiz?
>
> **Exemplo 2:**
>
> Nossa empresa falhou com o senhor ao atrasar a entrega do produto comprado. Sentimos

muito pelo aborrecimento que lhe causamos. Há algo que possamos fazer para recompensá-lo por esse constrangimento, além de formalizar um pedido de desculpas?

Acautelai-vos. Se teu irmão pecar contra ti, repreende-o; se ele se arrepender, perdoa-lhe. Se sete vezes no dia pecar contra ti e sete vezes vier ter contigo dizendo "Estou arrependido", perdoa-lhe.

(Lucas 17:3-4)

Não temos o poder de mudar a vida, mas podemos mudar o jeito como a gente olha a vida.

(Padre Fábio de Melo)

CAPÍTULO 11

A PROMESSA DE NÃO MAGOAR OUTRA VEZ

A QUARTA LINGUAGEM DO perdão é o *arrependimento genuíno*, que significa que você se arrependeu de ter feito algo e que vai, de fato, mudar o comportamento que causou o dano ou a ofensa. Por isso é importante demonstrar ao ofendido que você tem um plano de ação que impeça a repetição da ofensa.

Mudar o comportamento que incomoda o outro ou pelo menos fazer esforços reais para adotar novos hábitos é sinal de arrependimento genuíno. É importante dizer à parte ofendida que vai tentar até conseguir e pedir que a pessoa tenha paciência, porque mudanças não acontecem de uma hora para outra, e quer que ela o ajude a conseguir concretizar as mudanças. O que se deve evitar dizer é algo do tipo "Eu sou assim e não vou mudar", porque o outro entende que os sentimentos dele não importam.

Se você, por exemplo, necessita parar de beber, então:

- Demonstre desejo de mudança, afirmando: quero parar de beber.
- Em seguida, estabeleça um plano para concretizar seu desejo: procure um psiquiatra ou psicólogo; inscreva-se num grupo de apoio e combate do alcoolismo.
- Elabore um plano de ação - anote o que quer em um cartão, para ler diariamente, e dessa forma reforçar seu desejo de conquistar o que se propõe.

Você pode seguir esse modelo para tudo o que deseja conquistar: ser mais calmo, menos impulsivo, mais afetivo etc. Não hesite em pedir ajuda de um profissional caso não consiga sozinho. O importante é tomar atitudes que garantam à parte ofendida que você está se esforçando para que o erro não se repita.

Uma esposa traída, por exemplo, precisa ter acesso a senhas de redes sociais e e-mails, assim como deve ter o direito de ver as chamadas do celular do esposo que a traiu, e que este se comprometa a não mais fazê-lo. Aliás, trocar o número do celular e permitir que a esposa ligue para confirmar se está realmente onde diz estar é fundamental, para que a confiança seja restabelecida. Afinal de contas, a confiança existiu, até que foi quebrada pelo cônjuge que adulterou.

Demonstrar arrependimento mostra o quanto respeitamos o sentimento da pessoa, mesmo que não concordemos com seu modo de pensar, pois existe uma diferença entre errado e opinião diferente ou jeito diferente de fazer. Para entender isso, observemos o seguinte exemplo: lavar toda a louça e depois enxaguar de uma só vez ou lavar e enxaguar peça por peça.

Qual o jeito certo?

Não há como dizer que esse é o jeito certo e aquele o jeito errado. Pode-se dizer que é mais econômico ou mais rápido, mas não errado. Assim, podemos provocar muitas mágoas nos outros, quando julgamos as atitudes deles baseados em nossas crenças pessoais. "Isso está errado. Esse é o jeito certo" é um argumento próprio de pessoas intolerantes e donas da verdade. Podemos discordar sem condenar, dizendo, por exemplo: "Essa ideia é interessante, mas penso que poderia também ser feito assim... Minha maneira de ver isso é..."

Dr. Chapman sugere algumas declarações que demonstram *arrependimento genuíno* com empenho na tentativa de não mais causar damos à parte ofendida: *Deixá-la esperando lhe aborrece? Então vou ligar assim que estiver saindo de casa.* Ou ainda: *Como posso dizer coisas sem que lhe pareçam críticas? Você estaria disposta a me sinalizar todas as vezes que eu incorrer no mesmo erro?*

Finalmente, a quinta linguagem do perdão é o próprio *pedido de perdão.* Como realizá-lo de forma eficiente?

Muitas pessoas reconhecem que erraram e começam a agir de forma a tentar reconquistar a pessoa a quem magoou. Aproximam-se, fazem elogios e trazem presentes numa demonstração de que reconhecem que agiram mal e querem se reconciliar, mas não pedem perdão. Não dizem "Perdoe-me, eu errei". Porém, para certas pessoas, para as quais o pedido formal de perdão é a linguagem principal, essa atitude apenas as deixa irritadas, e elas permanecem magoadas enquanto não ouvirem as palavras mágicas: "Perdoe-me, eu errei".

Quando se pede perdão, o outro entende que

você reconhece que errou e está arrependido; demonstra amá-la e por isso manifesta o desejo de restaurar o relacionamento. Além disso, dá ao ofendido o direito de puni-lo, se assim o desejar. O controle do relacionamento está nas mãos dele. É como se dissesse: "Dependo de você agora. Você tem o direito de me punir, mas peço que não o faça, porque amo você e quero remover a barreira que a ofensa causou entre nós".

Em síntese, percebe-se que o ideal para se pedir perdão e aumentar as chances de ser perdoado é: pedir desculpas; reconhecer e assumir que errou; manifestar arrependimento, dizendo que sente muito; demonstrar que se arrependeu genuinamente, que tem noção da dor que causou e por isso fará esforços para não mais repetir o erro, além de se oferecer para compensar o prejuízo em atos que demonstrem e reafirmem o amor que tem pela pessoa.

Seguindo esses passos, fica mais fácil remover a barreira causada pela ofensa para que se chegue à reconciliação com aqueles que amamos e que, por imperfeição nossa, magoamos. Aliás, quanto maior o vínculo afetivo, maior o desejo de perdoar e ser perdoado a fim de que o vínculo rompido pela ofensa possa ser refeito.

Perdoar é um ato que uma pessoa realiza em relação à outra, esteja ela interessada ou não na manutenção da convivência, para poder viver melhor consigo e com o outro [...]. Para perdoar é preciso entender a história daquela pessoa e o que a levou a praticar aquilo e compreender de que modo você, que foi magoado, colaborou, mesmo sem perceber, para que aquilo acontecesse.

(Moises Grossman)

As pessoas que foram causadoras das ofensas que recebemos são falíveis como nós. [...]. Não é à toa que cruzaram nosso caminho. Somos instrumentos de aprendizado uns dos outros.

(Felipe W. Morel)

CAPÍTULO 12

Como perdoar a quem não pede perdão?

Como disse anteriormente, quando Jesus diz que devemos perdoar ao nosso irmão não sete vezes, mas setenta vezes sete vezes, o Mestre ensina que a misericórdia não deve ter limites. Mas ele diz também: *Se teu irmão pecar contra ti, repreende-o* (advirta; censure; aconselhe). *Se ele se arrepender, perdoa-lhe.* Depreende-se dessas palavras que Jesus indicou que devemos perdoar quando o pecador se arrepende e confessa seu pecado.

A palavra grega para "perdoar" significa literalmente cancelar ou remir. Portanto, há liberação ou cancelamento de uma obrigação. A palavra foi algumas vezes usada no sentido de perdoar um débito financeiro. Para entendermos o significado desta palavra dentro do conceito bíblico de perdão, precisamos entender que o pecador é um devedor espiritual. Até Jesus usou esta linguagem figurativa quando ensinou aos discípulos como orar: *E perdoa-nos as nossas dívidas, assim como nós temos perdoado aos nossos devedores* (Mateus 6:12).

Uma pessoa se torna pecadora e, portanto, devedora, quando transgride a lei de Deus (1 João 3:4). Cada pessoa que peca[29] precisa suportar a culpa de sua própria transgressão (Ezequiel 18:4,20) e o justo castigo[30] do pecado resultante (Romanos 6:3), ou seja, precisa reconhecer os erros e assumir as consequências que eles acarretaram.

No livro *O Consolador*[31], encontra-se algo semelhante ao que diz a Bíblia[32]:

> **Questão 333 - Na lei divina, há perdão sem arrependimento?**
>
> Resposta: A lei divina é uma só, isto é, a do amor que abrange todas as coisas e todas as criaturas do Universo ilimitado. A concessão

29. Pecado - distanciamento da lei de Deus, que é o amor.
30. Castigo - consequência, resultado, expiação.
31. *O Consolador* - Emmanuel - Francisco Cândido Xavier - FEB - Brasília.
32. Observe-se que a verdade é universalmente ensinada e não sofre a corrosão do tempo, embora ressurja em novas embalagens.

> paternal de Deus, no que se refere à reencarnação para a sagrada oportunidade de uma nova experiência, já significa, em si, o perdão ou a magnanimidade da lei. Todavia, essa oportunidade só é concedida quando o espírito deseja regenerar-se e renovar seus valores íntimos pelo esforço nos trabalhos santificantes. Eis por que a boa vontade de cada um é sempre o arrependimento que a Providência Divina aproveita em favor do aperfeiçoamento individual e coletivo, na marcha dos seres para as culminâncias da evolução espiritual.

Portanto, somente quando o espírito deseja regenerar-se e renovar seus valores íntimos, ou seja, quer mudar o rumo de seus passos (arrepende-se), recebe de Deus a oportunidade de reencarnar para reparar erros e ressarcir prejuízos. Logo, para a justiça divina, é preciso que cada pessoa que peca (erre) suporte a culpa de sua própria transgressão (reconhecimento do erro), como diz o profeta Ezequiel (18:4,20), e o justo castigo (aceitar a expiação) do pecado resultante (Romanos 6:23).

Então Deus não perdoa? Como já escrevi anteriormente, não é a Ele que ofendemos com nossas atitudes, mas, sim, ao nosso próximo. Porém, podemos dizer que o perdão de Deus reside no fato de que Ele nos proporciona a *reencarnação para a sagrada oportunidade de uma nova experiência retificadora.*

Logo, as cinco linguagens do perdão do Dr. Chapman - que sintetizam a necessidade de assumir que errou e formular um pedido de perdão que seja capaz de demonstrar arrependimento genuíno, assim como esforçar-se para não repetir o erro e tentar compensar o prejuízo - ajustam-se ao ensinamento de Emmanuel e às passagens bíblicas supracitadas. Note-se, portanto, que a verdade é universalmente ensinada e ressurge de tempos em tempos para que não seja jamais esquecida.

Sendo assim, ficou claro que é preciso perdoar quem se arrepende e pede perdão; mas, afinal, devo ou não devo perdoar quem não pede desculpas? Sim, sempre, pois o perdão é sempre vantajoso para quem perdoa, pois o culpado seguirá devedor perante a lei do amor até que salde sua dívida reparando os erros. Ademais, "somente o amor cobre a multidão dos pecados". Cedo ou tarde, a lei divina recoloca vítima e algoz frente a frente, para que este possa compensar o prejuízo que causou.

Nesse caso, o que perdoa, escolhe abrir mão da vingança e desiste de gravitar ao redor da ofensa que o algema emocionalmente ao ofensor e impede que siga adiante. Quem não perdoa, paralisa seus passos após a ofensa recebida e deixa de viver a própria vida, aguardando a justiça que parece nunca chegar.

Reconciliai-vos o mais cedo possível com vosso adversário, enquanto estiverdes com ele a caminho, para que não suceda que o vosso adversário vos entregue ao juiz e que o juiz vos leve ao ministro da justiça, e que sejais mandados para a prisão. Eu vos digo, em verdade, que não saireis de lá, enquanto não houverdes ressarcido até o último ceitil.[33]

(Mateus, 5:25 e 26)

Quando perdoamos, deixamos de estar emocionalmente agrilhoados à pessoa que nos fez mal. O perdão nos liberta do pesadelo com o outro, permitindo-nos viver em estado de graça.

(Felipe W. Morel)

---

33. Ceitil – moeda de pequeno valor.

CAPÍTULO 13

DESAFIOS AO PERDÃO

LEMBRO-ME DE UM CASO em que uma funcionária foi acusada de ter cometido uma falha no trabalho, fato que trouxe sérios prejuízos ao cliente. Foi demitida por justa causa. Dizia-se inocente, e o verdadeiro culpado pelo erro era seu supervisor direto. Os colegas de trabalho se recusaram a depor a seu favor, embora, segundo ela, soubessem da sua inocência, porque tinham medo desse supervisor que os ameaçava de demissão também, caso depusessem contra ele, visto que tinha grande poder na empresa, por ser genro do dono.

Conversei com essa mulher cinco anos após a ocorrência do fato. Ela contava sua versão com imensa dor, como se tudo tivesse acontecido ainda ontem. Estava muito deprimida, mesmo recebendo tratamento psiquiátrico para a depressão que desenvolveu após o ocorrido. Sua ideia fixa era de matar o responsável por sua desdita. Tinha um novo emprego, mas não conseguia esquecer a afronta que sofreu.

Esposo e filhos diziam que ela tinha que perdoar o homem porque Jesus pediu que perdoássemos as ofensas e que amássemos nossos inimigos. Isso a deixava mais revoltada ainda. O casamento estava abalado, pois o esposo não suportava mais vê-la deprimida daquele jeito e ruminando sempre as mesmas coisas. Era um quadro desolador. Como perdoar num caso onde o ofensor não reconhece o erro, não pede desculpas, não demonstra arrependimento e pouco se importa com o prejuízo que causou, seguindo triunfante, tripudiando sobre a dor do ofendido? Parece impossível.

Reproduzo aqui o diálogo que tivemos. Antes de tudo, perguntei-lhe qual sua religião, porque gosto muito de abordar a moral cristã em meus argumentos. Ela me disse que era evangélica, mas, desde o acontecido, revoltara-se contra Deus, abandonara a igreja e não orava mais. Perdera totalmente a fé.

Vamos ao diálogo que tivemos:

– A primeira coisa que quero lhe dizer é que

você tem todo direito de estar cheia de ódio. Você foi ofendida, e toda ofensa desperta o sentimento de ódio que nos prepara para a defesa pessoal como consequência do autoamor. Sentir-se inundada de ódio neste momento é perfeitamente humano e compreensível, e isso não faz de você uma má pessoa. Concorda?

- Sim - respondeu-me, cabisbaixa, quase sussurrando.

- Além disso, ao contrário do que seus familiares dizem, penso que você não tem a obrigação de perdoar, pois todo ofendido tem direito à justiça. Mas, se você matar quem lhe ofendeu, estará apenas se vingando, mas não estará fazendo justiça. Creio também que a vingança não saciará seu desejo de justiça, pois ainda permanecerão as consequências dolorosas do erro cometido por essa pessoa, embora você execute o ato vingativo. Compreende o que eu digo?

- Sim, mas não vou perdoá-lo. E quero vê-lo pagar pelo que fez.

- Correto. Vamos repassar as perdas que sofreu: foi humilhada publicamente; acusada e condenada por um crime que não cometeu; foi demitida sem receber os direitos trabalhistas garantidos por lei; passou dificuldades financeiras; teve dificuldade de ser admitida em novo trabalho porque ficou com o "nome sujo"; entrou em depressão; gastou dinheiro com seu tratamento; perdeu vínculos afetivos dentro da família nos últimos cinco anos, enquanto esteve voltada ao desejo de vingar-se. De tudo isso que eu disse, qual foi o motivo de maior dor?

- Tudo o que você disse.

- Com certeza! Mas acha que consegue escolher o que lhe causou dor maior?

- Acho que a humilhação pública pela qual passei. Ainda hoje, quando ando por aí, tenho a impressão de que as pessoas me acusam com o olhar.

Faço aqui um pequeno parêntese antes de prosseguir. Percebe-se que a imensa dificuldade de perdoar está no orgulho ferido. Em minha opinião, os cinco anos de depressão que geraram a perda dos vínculos afetivos com o esposo e os filhos, cansados de vê-la chorar, reclamar e irritar-se o tempo todo com tudo, isso era muito mais grave do que a opinião dos outros. Sua vida privada estava destroçada muito mais do que sua vida pública. Os valores espirituais são mais importantes do que os valores materiais: emprego, dinheiro e o reconhecimento público a que tinha direito. Mas esse é o meu modo de pensar, não o dela. Pensei num modo de mostrar essa inversão de valores sem desconsiderar sua dor.

- Imagino o quanto isso dói dentro de você. Penso que, se estivesse em seu lugar, estaria me sentindo assim também. Creio que também estaria cheia de ódio e desejo de vingança, pois você perdeu muitas coisas ao longo desses anos, mas especialmente a paz.

Quando nos solidarizamos com a dor do outro, ele se sente acolhido. Não há nada pior para quem está sofrendo do que receber recriminações ao seu comportamento. É preciso enxergar o ofendido como vítima e não como algoz de seus sofrimentos, se realmente queremos retirá-lo dessa situação. Após demonstrar compaixão pelo sofrimento daquela mulher, prossegui dizendo:

- Como não estou emocionalmente envolvida na situação, consigo raciocinar melhor que você. Por isso lhe digo que, embora você tenha o direito de odiar e desejar vingar-se, penso que terá vantagens se tentar perdoar. Mas o perdão não é um momento mágico e sim um processo que se inicia quando se abre mão do direito à justiça para libertar-se da dor. A pessoa que lhe feriu não merece ser feliz, mas você merece. Se escolher abrir mão da vingança, você pode retomar sua vida e seguir em frente.

- E deixá-lo livre para fazer isso com outras pessoas? Sair vencedor enquanto eu arco com todo o prejuízo, sozinha?

- Faço uma pequena correção ao que disse. Infelizmente você não está sozinha, pois toda a sua família está sofrendo com você. Pense comigo. Não podemos evitar a ofensa, o dano ou o prejuízo porque não temos o poder de controlar o comportamento do outro, mas podemos escolher o que fazer com a ofensa: arquivá-la na forma de mágoa ou ressentimento; transformá-la em ódio destruidor, ou perdoar para se libertar da dor. Você não pôde evitar o dano que esse homem lhe causou, mas pode evitar o dano que está impondo a si mesma. Quanto mais cultiva o ódio e o desejo de vingança, mais adoece física e mentalmente. Bebe um veneno esperando que aquele que a ofendeu morra. Não há como destruí-lo sem se destruir também. Isso depende de você. Entende? Penso que tudo o que ocorre em nossas vidas pode ser usado para nos construir ou destruir. A escolha é nossa.

- Entendo o que você diz, mas ainda *é muito difícil* pensar em perdoar.

- Sem dúvida alguma. Na verdade, queremos que o mundo seja justo para conosco, mas nem sempre ele é. Vivemos entre seres imperfeitos que nos ferem e magoam e precisamos escolher o que vamos fazer com isso. Penso que a vida nos oferece muitas lutas e desafios, e o maior deles é vencer o orgulho ferido. Não aceitamos que as coisas não sejam exatamente como planejamos. Uma das nossas dificuldades está em admitir o fato de que não temos controle sobre as pessoas nem sobre os acontecimentos a nossa volta. Isso nos revolta. Mas não há o que fazer quanto a isso. Precisamos ter humildade suficiente para nos colocar como alunos diante da vida e entender que sempre temos algo a aprender diante de tudo o que nos acontece.

- Eu não merecia isso. Sempre fui uma funcionária exemplar - disse isso e começou a chorar.

- Sabe... Acho que a vida quer que você se ame um pouco mais. Quer que o amor que você tem por você mesma seja maior que seu ódio por aquele que lhe ofendeu. Você precisa fazer uma escolha muito difícil. Se quiser voltar a sorrir, precisa abrir mão da justiça e do ódio. Precisa assumir a dor que essa injustiça lhe causou, assim como as consequências que esse fato trouxe a sua vida. Pagar uma conta que não é sua, mas com o objetivo de ser feliz outra vez. Acho que você deve viver integralmente conectada com seu esposo e filhos, com seus novos colegas de trabalho, com seu novo emprego e reencontrar-se com Deus. Ele espera por você há cinco anos, exatamente quando você O deixou por tê-Lo culpado pelo que aconteceu. Mas um pai não pode ser culpado pelo erro de um filho. Você não acha?

Ela chorou copiosamente, me abraçou e disse:

- Prometo pensar em tudo o que disse, mas não garanto que vou mudar.

- Tudo o que eu desejo é que você seja capaz de amar-se o suficiente para seguir em frente, caminhar de cabeça erguida, dar menos valor ao que as pessoas dizem e valorizar mais o que a sua consciência diz. Você é inocente. Fez tudo certo. É uma funcionária exemplar. Você sabe disso. Deus sabe disso e eu também sei. Pense em tudo o que lhe disse. Lembre-se que o perdão não vai beneficiar a quem lhe ofendeu, porque ele segue culpado. O perdão vai beneficiar você. Vai permitir que volte a viver e que reconstrua sua vida. Tenho certeza de que dias maravilhosos virão e que você vai ser muito feliz.

Dito isso, ofertei-lhe um exemplar de *O Evangelho segundo o Espiritismo* com um marcador inserido no Capítulo 10, item 14, onde deixei grifado, em vermelho:

> [...] Ensinarás aos teus irmãos o esquecimento de si mesmos, que os torna invulneráveis a agressões, aos maus procedimentos e às injúrias. Serás doce e humilde de coração, nunca medindo tua mansidão e brandura. Feliz, portanto, daquele que pode a cada noite dizer ao deitar-se: "Nada tenho contra meu próximo".

No meio do livro, eu havia deixado propositadamente um texto copiado da internet[34] e que reproduzo aqui, que abordava o tema perdão. Minha ideia era tentar ajudar aquela amiga a pensar sobre o tema, e torci muito para que lesse o texto. Sabia que, sendo evangélica, poderia recusar a leitura. Talvez jogasse o livro espírita num canto qualquer, sem folheá-lo.

---

34. Morel, Felipe Wilkon - leia o texto completo em: www.espiritoimortal.com.br.

O texto dizia:

> [...] Quando perdoamos, deixamos de estar emocionalmente agrilhoados à pessoa que nos fez mal. O perdão nos liberta do pesadelo com o outro, permitindo-nos viver em estado de graça.
>
> [...] Quando perdoamos, recuperamos nosso poder de escolha. Não importa se o outro merece perdão; importa que nós merecemos ser livres [...]. A mágoa retida é doença para o espírito, que lhe corrói as forças físicas e envenena a alma. É necessário, para nossa própria paz, ante quaisquer ofensas, perdoar sempre.
>
> [...] Desligue-se. Perdoe. A palavra perdão não é usada nos textos mais antigos do Evangelho. No texto grego do primeiro século há a palavra aphiemi, significando, justamente, desligar. A palavra perdoar vem do latim perdonare; dar plenamente, doar totalmente. Perdoar é desligar-se, libertar-se, livrar-se. É isso que se deve fazer em relação às situações que nos ofenderam.
>
> As pessoas que foram causadoras das ofensas que recebemos são falíveis como nós. [...].

> Não é à toa que cruzaram nosso caminho. Somos instrumentos de aprendizado uns dos outros.
>
> Você não pode esquecer que você também já ofendeu a alguém; você também já provocou situações ofensivas. Perdoe, para ser perdoado. Do mesmo modo como você perdoar, assim também você será perdoado. Sua consciência é seu juiz.

Depois de alguns dias a senhora me telefonou dizendo que iria tentar reconstruir sua vida. Perguntei, então, se tinha lido a página que grafei em vermelho. Ela disse que sim e que tinha lido todo o Capítulo 10 e também a folha que eu havia deixado no meio do livro.

- O Evangelho de vocês, espíritas, reconduziu-me ao meu Deus. Voltei para minha igreja. Obrigada por tudo - disse-me, emocionada.

Assim nos despedimos e nunca mais nos vimos.

Interessante saber que, segundo a doutrina espírita, *não existe acaso em nossas vidas.* A situação vivida por essa mulher poderia servir de prova para que ela desenvolvesse virtudes cristãs, como humildade, paciência, tolerância, compreensão, misericórdia, resignação, mas também poderia tratar-se de uma expiação, o que significa que ela poderia ter feito alguém passar por esse tipo de constrangimento em existências passadas e agora estava colhendo o que semeou, pois, disse Jesus: *Quem com a espada fere, com a espada será ferido.*

Quando perdoamos, recuperamos nosso poder de escolha. Não importa se o outro merece perdão; o que importa é que merecemos ser livres.

(Felipe W. Morel)

Existem pessoas que se sentem ofendidas e magoadas por qualquer coisa e que, diante da mais leve contrariedade, sentem-se humilhadas. Ora! Não viemos a esse mundo para nos banhar em água de rosas...

(Chico Xavier)

CAPÍTULO 14

Eu quero misericórdia; não sacrifício

NA BÍBLIA, O LIVRO denominado *Levítico* funciona como um manual para os sacerdotes do Templo. Escrito por Moisés, sua função era indicar como usar o tabernáculo[35], tratar da santidade de Deus e ensinar ao homem o que Deus exige dele para que este entre em comunhão com o Criador explicando de que forma o homem pode expiar seus erros. Entre as crenças dos hebreus do primeiro século ha-

35. Tabernáculo, ou tenda, cabana. Os judeus, nos anos que peregrinaram no deserto, montavam "templos" nos lugares em que pernoitavam. A parte externa, o átrio, era destinada aos sacrifícios a Deus e também a bacia com água, para a purificação; na parte interna, o "santo lugar", para queima de incensos e onde se colocavam os pães da proposição, simbolizando as 12 tribos de Israel. E, finalmente, o "santo dos santos", espaço restrito e mais sagrado, separado por um véu, onde ficava guardada a Arca da Aliança, contendo a tábua dos Dez Mandamentos. (Nota do Revisor).

via a ideia de que o caminho para se chegar a Deus era por meio dos sacrifícios e que para caminhar com Deus era necessário seguir determinadas leis de pureza que santificavam o homem.

Os sacrifícios se caracterizavam por vários tipos de ofertas, cujo objetivo era louvar, agradecer ou obter o perdão de Deus. Assim como quando magoamos alguém, a quem amamos, e ofertamos a esse alguém um presente junto com nosso pedido de perdão.

Na *oferta de manjares,* farinhas ou cereais com azeite, eram depositados no altar em sinal de *louvor e gratidão a Deus.* Na *oferta pacífica,* um boi, carneiro ou bode sem defeito era sacrificado no altar em sinal de gratidão por uma cura, por exemplo. Ou ainda para expressar o desejo de entrar em comunhão com Deus. Na *oferta pelo pecado,* um bode ou boi sem defeito era sacrificado para a expiação do pecado, entendido como erro cometido por fragilidade, ignorância ou descuido.

Havia também a *oferta pela culpa,* quando o erro é intencional, em que um carneiro sem defeito era sacrificado no altar. Mas isso não era suficiente, pois a lei exigia que a pessoa prejudicada fosse restituída no prejuízo que sofreu, e o pecador era obrigado a pagar uma multa de vinte por cento.

Além dessas ofertas, os sacerdotes hebreus realizavam o *holocausto,* para expiação pelo pecado geral do povo, em que um novilho, bode, carneiro ou pomba sem defeito era queimado no altar para que a fumaça subisse até Deus, levando o aroma da oferta como agrado ao Criador. Em troca, o Criador perdoaria os pecados do povo. O sangue era aspergido sobre o altar e somente a carne era queimada, devido à crença de que no sangue estaria a essência da vida.

Quando era feita a expiação pelo pecado, o pecador pressionava sua mão sobre a cabeça do animal doado para o sacrifício para identificar-se com ele e transmitir-lhe sua culpa, que seria, então, expiada pelo animal. Este se tornaria o substituto do homem na expiação.

Baseada nessa crença surge no cristianismo primitivo a ideia de que Jesus seria o cordeiro de Deus, que assume os pecados da humanidade e morre em seu lugar, para salvá-la da condenação divina, num ato de extremo amor pela humanidade, conhecido como sacrifício vicário. A partir de então, ao crer em Jesus como seu salvador, o homem é salvo e não precisa fazer nenhum tipo de oferta a Deus.

Abordando o tema das ofertas expiatórias para culpa e pecado, Jesus disse: *Se, portanto, quando apresentardes vossa oferenda ao altar, vos lembrardes de que vosso irmão tem algo contra vós, deixai vosso donativo aos pés do altar e ide antes de qualquer coisa vos reconciliar com vosso irmão e, só depois, voltai para oferecer vossa oferta*[36]. Desse modo, o Mestre ensina ao homem que o sacrifício mais agradável a Deus é a renúncia ao ódio, ao desejo de vingança e ao ressentimento.

Portanto, antes de se apresentar a Deus para ser perdoado, é preciso perdoar. Se tivermos cometido alguma injustiça contra um de nossos irmãos, é preciso repará-la. Fica evidente que o problema da ofensa é entre nós e quem nos ofendeu ou a quem ofendemos. Logo, não é Deus que precisa perdoar; somos nós, as almas em litígio. Não ferimos ou magoamos a Deus e sim ao companheiro de jornada.

A vinda do Cristo, como se vê, põe fim aos sacrifícios materiais e leva à espiritualização desse sacrifício. O homem deve oferecer sua alma puri-

36. Mateus, 5:23 e 24.

ficada a Deus, deixando de lado todo sentimento de ódio e de animosidade, todo mau pensamento contra seu irmão.

Por isso, a virtude que favorece o caminho para o perdão é a indulgência. Mas antes de tentar entender melhor essa virtude, reflitamos nos motivos que nos levam a observar e condenar a conduta do outro. Notemos que censuramos os atos alheios por dois motivos principais:

Para reprimir o mal - o que em certos casos torna-se até mesmo um dever, se disso deve resultar num bem, pois, sem esse procedimento, o mal nunca seria combatido na sociedade.

Para desacreditar a pessoa cujos atos estamos criticando, o que se denomina maledicência.

Maledicência é o ato de falar mal, fazer crítica mordaz, interpretar de forma pejorativa, fazer comentário malicioso, julgamento falso, levantar suspeita comprometedora ou realizar denúncia caluniosa. Jesus aborda esse vício moral na passagem evangélica citada a seguir e alerta para o fato de que facilmente se identificam os defeitos alheios, mas raramente se consegue enxergar os próprios defeitos, pois o orgulho faz com que o homem desculpe suas próprias falhas e encontre para elas explicações que o convencem de que está certo.

Assim, diz o Mestre: *Por que vedes um argueiro no olho do vosso irmão, vós que não vedes uma trave no vosso? Ou como dizeis ao vosso irmão: Deixai-me tirar um argueiro do vosso olho, vós que tendes uma trave no vosso? Hipócritas, retirai primeiramente a trave de vosso olho, e então vereis como podereis tirar o argueiro do olho do vosso irmão*[37].

Em outras palavras, Jesus nos ensina que as pessoas são espelhos onde se reflete nossa imagem. Aquilo que criticamos no outro existe também em nós; porém, desconhecemos esse fato de forma consciente. Projetamos nossas sombras sobre os outros e condenamos neles aquilo que rejeitamos em nós. A psicologia chama esse mecanismo de projeção.

Por isso, Jesus nos pede que não julguemos, porque, com a mesma medida com que julgamos, seremos julgados. Quanto maior o rigor no julgamento dos atos alheios, maior rigor no julgamento dos próprios atos. Por exemplo: se eu considero ridículo o fato de uma mulher mais velha amar um

37. Mateus, 7:3 a 5.

homem mais jovem e, um dia, isso vier acontecer comigo, o sofrimento autopunitivo será intenso. Portanto, quanto mais flexível nosso julgamento para com o comportamento alheio, menos rigor se usará para o autojulgamento.

> Não julgueis, para não serdes julgados; pois sereis julgados conforme houverdes julgado os outros; e aplicar-se-á a vós, na mesma medida, aquilo que aplicastes contra eles.[38]
>
> Então os escribas e os fariseus levaram-lhe uma mulher que havia sido surpreendida em adultério. Fizeram-na ficar de pé no meio do povo e disseram a Jesus: "Mestre, esta mulher acaba de ser surpreendida em adultério. Moisés nos ordena, na lei, apedrejar as adúlteras. Qual é, portanto, vossa opinião a respeito disso?" Eles diziam isso querendo tentá-lo, a fim de ter do que acusá-lo. Mas Jesus, abaixando-se, escrevia com seu dedo na areia. Como continuassem a interrogá-lo, levantou-se e lhes disse: "Aquele dentre vós que estiver sem pecado lhe atire a primeira pedra". Após isso, abaixou-se de novo

38. Mateus, 7:1 e 2.

> e continuou a escrever na areia. Mas eles, o tendo ouvido falar assim, retiraram-se, um após o outro, os velhos saindo primeiro. E assim Jesus permaneceu sozinho com a mulher, que estava no meio da praça. Então Jesus, levantando-se de novo, lhe disse: "Mulher, onde estão os vossos acusadores? Ninguém vos condenou?" Ela lhe disse: "Não, senhor". Jesus lhe respondeu: "Eu também não vos condenarei. Ide e, no futuro, não pequeis mais."[39]

Ao dizer *aquele que estiver sem pecado, atire-lhe a primeira pedra,* Jesus faz do perdão um dever, pois não há ninguém que dele não tenha necessidade para si mesmo, e nos ensina que não devemos julgar os outros mais severamente do que julgaríamos a nós mesmos e nem condenar, nos outros, o que perdoaríamos em nós. Portanto, antes de condenar uma falta em alguém é preciso verificar se a mesma reprovação não pode recair sobre nós, pois a autoridade da censura se dá em razão da autoridade moral daquele que a pronuncia.

Interessante notar que, tanto em filmes como

---

39. João 8:3 a 11.

em imagens da internet que abordam essa cena do Novo Testamento, podemos observar alguns detalhes comportamentais do Mestre que nos educam em relação ao binômio erro-perdão[40]. Observa-se, por exemplo, que ao ser interrogado a respeito de qual atitude tomar diante da mulher adúltera – apedrejamento, segundo a Lei Mosaica, ou absolvição, como ensinava Jesus –, o Mestre silencia, numa demonstração de que diante do erro se deve silenciar para refletir antes de dar uma resposta impulsiva, pois a ofensa nos inunda de raiva e nos induz a reagir imediatamente, e é justamente nessa hora que, agindo sem pensar, dizemos e fazemos coisas das quais nos arrependemos, depois.

Depois do silêncio reflexivo, Jesus se curva, não somente para escrever no chão, mas também para demonstrar que é preciso render-se à imperfeição humana e humildemente acolher o infrator em nosso coração amoroso com vistas a reerguê-lo. Ele desce até a mulher pecadora e se coloca ao seu lado, demonstrando que a entende e não se posiciona de forma arrogante como os demais homens

40. Interpretação proposta pelo Dr. Alberto Almeida em seu livro *O perdão como caminho* editado pelo Grupo Espírita Jardim das Oliveiras, Editora Premius - 3ª edição- 2015 - Fortaleza - CE.

da praça que a olham de cima, como se fossem superiores a ela. Escreve no chão, demonstrando simbolicamente que os erros pertencem aos filhos da Terra, espíritos ainda imperfeitos, que aprendem através de tentativas e erros que culminam, ao longo do tempo, em aprendizado definitivo.

Ao questionar a consciência de todos os presentes sobre suas próprias culpas e levá-los à introspecção, a fim de que decidissem se deveriam condenar o erro da mulher atirando-lhe pedras ou se deveriam estender-lhe a mão para que ela se levantasse, Jesus ratifica o ensinamento de que, ao proferir uma sentença condenatória para o pecador, imediatamente essa sentença se inscreve em nossa consciência e nos condena igualmente a nos comportarmos de forma digna e superior àquele que condenamos.

Aquele dentre vós que estiver sem pecado lhe atire a primeira pedra. [...] Mas eles, o tendo ouvido falar assim, retiraram-se, um após o outro, os velhos saindo primeiro [...] porque viveram mais e, portanto, erraram mais. A mulher poderia ter aproveitado para se retirar também, mas escolheu permanecer, esperando o veredicto do Mestre, pois que se reconhecia culpada. Jesus, num ato de extremo amor, pois sendo puro, era o único que poderia condená-la, absolve-a, embora condene o erro, ao dizer: "Ide, e no futuro, não peques mais".

Desse modo, o Mestre nos ensina a levantar após cada queda moral, a redirecionar os passos e continuar caminhando, não permitindo que o erro produza culpa paralisante ou mágoa destruidora que possa aprisionar nossa alma na dor autopunitiva ou no ódio regelante.

Cabe aqui lembrar o que os espíritos responderam a Kardec sobre esta matéria, em *O Livro dos Espíritos*:

> **Questão 903 - Há culpa em se estudar os defeitos alheios?**
>
> R - Se é com o fito de cultivá-los e divulgar, há muita culpa, porque isso é faltar com a caridade; se é com intenção de proveito pessoal, evitando-se aqueles defeitos, pode ser útil; mas não se deve esquecer que a indulgência para com os defeitos alheios é uma das virtudes compreendidas na caridade. Antes de censurardes as imperfeições dos outros, vede se não podem fazer o mesmo a vosso respeito. Tratai, pois, de possuir as qualidades contrárias aos

> defeitos que criticais, nos outros, pois esse é um meio de vos tornardes superior. Se os censurais por serem avarentos, sede vós então generosos; por eles serem orgulhosos, sede vós então humildes e modestos; por eles serem duros, sede pessoas dóceis; por agirem com mesquinhez, sede vós, então, grandes em todas as vossas ações; em uma palavra, fazei de maneira que não se vos possam aplicar aquelas palavras de Jesus: "Vedes um argueiro no olho do vizinho, e não vedes uma trave no vosso!".

A indulgência é filha direta da clemência e da tolerância. Não procura ver os defeitos alheios, mas, se vê tais defeitos, evita falar deles e divulgá-los. Se possível, procura ocultá-los, a fim de que não sejam conhecidos. E se a malevolência os descobre, sempre tem uma desculpa que atenua a falta. Em *O Evangelho segundo o Espiritismo*, lemos que a indulgência *não faz observações ofensivas, não tem censura em seus lábios, mas apenas conselhos, muitas vezes velados.*

Os espíritos da codificação advertem: *Quando abrireis os olhos somente para vós mesmos? [...] Deus, que conhece bem a causa de todos os atos,* às *vezes des-*

culpa o que condenais, pois, *[...] ainda que o coração humano seja um abismo de corrupção, sempre existe, em algumas de suas regiões mais ocultas, o gérmen de bons sentimentos, centelha viva da essência espiritual.*

Kardec faz uma série de perguntas aos espíritos nos itens 19, 20 e 21 do Capítulo 10, de *O Evangelho segundo o Espiritismo,* que vale a pena reproduzir aqui:

> Se considerarmos que ninguém é perfeito, significa que ninguém tem o direito de repreender o seu próximo?
>
> Resposta: Certamente não, uma vez que cada um de vós deve trabalhar para o progresso de todos e principalmente para aqueles cuja proteção vos está confiada. Mas isso é uma razão para o fazerdes com moderação, com um objetivo útil. (São Luís - Paris, 1860 - item 19)

> Será repreensível observar as imperfeições dos outros, quando disso não pode resultar nenhum proveito para eles, mesmo que não as divulguemos?
>
> Resposta: [...] Não é proibido ver o mal, quando o mal exista. O erro está em direcionar

tal observação em prejuízo do próximo [...]. Seria ainda condenável fazer isso apenas para satisfazer a nós mesmos com um sentimento de maldade e alegria, ao verificar o defeito dos outros, exceto se para estudá-lo e evitar fazer o que repreendemos neles. (Item 20)

Haverá casos em que pode ser útil revelar o mal dos outros?

Resposta: Se as imperfeições de uma pessoa prejudicam apenas a ela mesma, não há nenhuma utilidade em revelá-las. Porém, se elas podem prejudicar aos outros, é preferível o interesse da maioria ao interesse de um só. Conforme as condições, desmascarar a hipocrisia e a falsidade pode ser um dever [...]. Em semelhante caso, é preciso pesar a soma das vantagens e das desvantagens. (Item 21)

Jesus compreende nossas fraquezas
e nossos pecados e nos perdoa se nos
deixarmos perdoar.
(Papa Francisco)

Os numerosos pecados dela estão
perdoados porque muito amou.
(Lucas 7:47)

CAPÍTULO 15

PERDOAR A SI MESMO PODE SER MAIS DIFÍCIL DO QUE PERDOAR AOS OUTROS

PENSO QUE O PERDÃO é um processo e não um momento circunstancial. E que, para executá-lo, é necessária uma longa caminhada em direção ao autoamor e ao amor ao próximo. Não dá para fixar um prazo, no qual se diluam a mágoa e a culpa, para que se complete o ciclo do perdão. Isso pode demorar de minutos a horas, dias, semanas, meses, anos, e até mesmo uma ou mais existências. *Para perdoar é preciso amar além da demanda apresentada; é dar mais amor do que foi solicitado*[41]. Portanto, quanto maior a capacidade de amar, maior a capacidade de perdoar.

41. Idem, idem.

E perdoar a si mesmo pode ser mais difícil do que perdoar ao outro, dependendo da dose de autoestima que o faltoso tenha. Como vimos, algumas pessoas orgulhosas têm dificuldade para aceitar os próprios erros porque entendem que "errar, rebaixa". Seu orgulho e sua onipotência fazem com que a pessoa se sinta superior aos demais e por isso pense que não pode errar e que deve ser infalível.

Outras se culpam por serem impulsivas e magoarem a todo o momento, mobilizando a palavra perdão o tempo todo, banalizando-a em seus lábios. Mas há também pessoas capazes de perdoar a falta alheia, sempre encontrando uma explicação para o comportamento do outro e demonstrando seu imenso amor ao próximo. Mas, ao cometerem uma falta, não conseguem se perdoar. Pela falta de autoamor, autoaceitação e perfeccionismo, essas pessoas se sentem fracassadas e temem ser rebaixadas, rejeitadas e abandonadas por sua imperfeição. Esses indivíduos se culpam por tudo e pedem perdão a toda hora, porque se acham fracassados, acreditando que tudo o que fazem está errado. Vivem por vários anos culpando a si mesmos por acreditar que agiram de forma errada. E carregam sentimentos de vergonha, que geram um estado crônico de estresse.

Seja por um ou outro motivo, a ausência de autoperdão gera remorso, mortificação e autopunição na forma de enfermidades físicas e mentais, como se fosse um castigo autogerado. E as consequências para a falta do autoperdão geralmente são muito graves, sendo acompanhadas quase que de forma imediata por quadros de ansiedade, depressão e falta de motivação frente à vida.

Há também pessoas que entendem que discussões são ruins e se sentem muito desconfortáveis com elas. Pedem perdão, mesmo que não se sintam culpadas, apenas para pôr fim a uma briga, como se discutir fosse algo ruim, "do mal". Querendo acabar logo com a tensão e manter a paz a qualquer preço, acabam guardando ressentimentos que culminam num distanciamento emocional e - o que é pior - não contribuem para o crescimento do outro, deixando de educá-lo, de impor limites ao ofensor. Deseduca-o e contribui para que ele continue egoísta, orgulhoso, vaidoso, individualista.

É preciso entender que relacionamentos autênticos têm discussões, pois, onde há intimidade e vínculo afetivo, há investimento na relação, o que implica posicionar-se, deixar-se conhecer e conhecer melhor o outro.

> Relacionamentos familiares saudáveis exigem pedidos sinceros de perdão por um simples motivo: todos nós erramos de vez em quando. Ninguém é perfeito, assim como não são perfeitas as relações familiares. Relacionamentos saudáveis não requerem perfeição, mas que lidemos de maneira positiva com os erros que cometemos. Um pedido de perdão sincero é o passo mais importante que podemos dar na direção da cura de mágoas pessoais e do restabelecimento dos relacionamentos.[42]

Claro que, quanto maior o dano, maior a dificuldade de perdoar, porque é necessário mobilizar uma grande dose de amor para diluir a mágoa ou a culpa. Somente o perdão e o autoperdão transmutam o sofrimento em aprendizado.

Por isso é importante entender que a culpa tem a função de nos alertar quanto ao fato de que agimos de forma inadequada, que ferimos, invadimos ou causamos um dano a alguém e precisamos retificar nossos passos. Mas é importante que a culpa se transforme numa análise dos acontecimentos,

---

42. CHAPMAN, Gary e THOMAS, Jennifer M. – *As cinco linguagens do perdão* – Ed. Mundo Cristão – 2006.

gerando a possibilidade de reparação ou para evitar que o erro se repita. A culpa tormentosa, conhecida como remorso, nos faz sofrer profundamente, gera autopunição e não repara o mal que fizemos, além de nos tornar inválidos psicologicamente. O remorso é a agressividade dirigida contra si mesmo, enquanto o rancor é o ódio dirigido ao outro.

Para perdoar a si mesmo, é preciso compreender que erros são tentativas de acerto que não obtiveram o sucesso desejado. E que, tentando fazer o que nos parece melhor, erramos em determinadas circunstâncias.

Um mesmo evento recebe avaliações diversas da parte de quem o experimenta. Às vezes nos culpamos e condenamos enquanto a pessoa a quem acreditamos ter ofendido já nos desculpou, porque não deu ao evento a mesma importância que nós estamos dando. Pessoas perfeccionistas maximizam seus próprios erros.

Para perdoar-se, procure ter a humildade de reconhecer sua humanidade e entender que é uma criatura ainda imperfeita que erra por ignorância e fragilidade, muito mais que por maldade. Procure assumir o erro responsabilizando-se pelo dano que causou. Peça desculpas e demonstre seu arrependimento; proponha-se compensar o prejuízo reparando os danos à sua vítima.

Não projete a culpa nos outros e não se vitimize colocando-se na posição de coitado, vítima de todos, e, sobretudo, não tente justificar seu erro dizendo que fez isso em resposta a uma atitude do outro. Por exemplo, se perdeu a cabeça e esbofeteou alguém, assuma sua impulsividade e se proponha a mudar de comportamento.

Não tente justificar-se dizendo "eu bati em você porque você apontou o dedo em riste para mim", pois um erro não justifica o outro. É claro que em todo conflito existe parceria e que vitória e derrota se faz com cumplicidade.

Busque a pessoa que você ofendeu para se desculpar e, se ela se recusar a recebê-lo, tente enviar uma mensagem escrita ou gravada, fazendo a sua parte no processo de reconciliação. E espere pacientemente, visto que a pessoa não tem a obrigação de lhe perdoar, simplesmente porque você pediu perdão, pois não nos cabe violentar a consciência de ninguém, mas deve dar a ela o tempo necessário para que a mágoa se dilua. Saiba que a ruptura no relacionamento poderá ser permanente se a parte ofendida recusar a reconciliação.

Há pessoas que entendem que perdoar é escolher suspender o castigo e permitir que a pessoa que cometeu o erro volte a participar de sua vida. A confiança se refaz aos poucos quando a pessoa que ofendeu passa a agir de forma sustentada para convencer o ofendido de que realmente mudou. Mas há quem consiga apenas suspender o castigo sem conseguir voltar a confiar. Perdoam, absolvem da culpa, mas escolhem não mais conviver com a pessoa que a feriu temendo que ela venha a machucá-la outra vez.

E é preciso ter a humildade de aceitar a decisão do outro; dar-lhe o tempo necessário para que ele consiga se libertar da dor e do desconforto que a lembrança da ofensa provoca, trazendo de volta a decepção, a sensação de rejeição e traição que a ofensa causou. O perdão, para essas pessoas, não apaga a lembrança do que lhes sucedeu, mas apenas propõe fazer que entendam as razões da ofensa, abrindo mão da justiça.

Com o passar do tempo é possível que a dor agregada à ofensa possa ser diluída e essa pessoa possa recordar o evento sem nenhum desconforto ou sofrimento, quando então se completa o ciclo da misericórdia que consiste no perdão e esquecimento da ofensa.

Peça perdão e perdoe-se, mesmo que o outro não lhe perdoe. Em todo conflito existe responsabilidade compartilhada. Faça a sua parte. Lembre-se que pecado, em grego, é *hamartia,* cuja tradução é "errar o alvo", ou seja, pecar é um erro de orientação, um equívoco, um caminho para o aprendizado. Portanto, aprenda com seu erro e evite reincidir nele, mas, se o fizer, levante-se sempre após cada queda, pois o perdão é uma maneira de viver de quem sabe que a vida espera de nós a busca constante da superação dos nossos limites com vistas à nossa ascensão espiritual. E para isso é preciso mobilizar diariamente uma cota maior de amor a si mesmo[43] e ao próximo.

43. Autoestima - Autoamor, autorrespeito, autoaceitação e autoconfiança que geram a capacidade de viver a vida enfrentando as dificuldades, sentindo que se tem o direito de ser feliz do jeito que se é e que todo ser humano é dotado de recursos para ser melhor a cada dia.

Acima de tudo, porém, tende amor intenso uns para com os outros, porque o amor cobre a multidão dos pecados.

(1ª Epístola de Pedro 4:8)

Assim, tudo o que quereis que os homens vos façam, assim também fazeis vós a eles, pois esta é a lei e os profetas.

(Mateus 7:12)

CAPÍTULO 16

Passos para o perdão

Na Questão 785 de *O Livro dos Espíritos* lemos que o maior obstáculo ao progresso moral são o orgulho e o egoísmo. Neles se originam o remorso e o rancor, e para combatê-los é necessário humildade e caridade, virtudes opostas aos vícios morais acima referidos.

O orgulho reflete a insegurança e a baixa autoestima, que é compensada com atitudes de arrogância. O orgulhoso precisa rebaixar o outro para poder se sentir elevado, pois possui imenso complexo de inferioridade não declarado, mas disfarçado sob o manto da prepotência, da vaidade e do personalismo, qual verdadeiro impostor. O orgulho aprisiona a dor da ofensa e a converte em honra e dignidade ferida, que precisa ser reparada, exigindo justiça.

O egoísta, por sua vez, traz a alma vazia, pobre e faminta. E por isso suga pessoas e coisas para perto de si, a fim de que gravitem ao seu redor, suprindo suas necessidades e vontades. O egoísta leva em conta apenas os seus interesses em detrimento dos interesses e necessidades dos outros. Não deve ser visto como uma pessoa má, mas como um espírito ainda imaturo, que faz movimentos direcionados a si mesmo, porque ainda não sabe se amar e amar suficientemente. Pode-se dizer que o egoísmo é um estágio primitivo da alma, que deve ser superado aos poucos, lenta e progressivamente, enquanto a criatura caminha rumo à perfeição espiritual, na qual todo o potencial de amor se desabrochará.

Vivemos, portanto, para desenvolver potenciais adormecidos, qual pequena semente à espera do estímulo adequado para germinar, florescer e frutificar. E as situações vividas representam esses estímulos ao desenvolvimento desses recursos espirituais que dormitam em nós. Isso equivale dizer que todas as situações que vivemos são portadoras de preciosas lições para nossa alma. As dificuldades que enfrentamos causam uma luta contínua entre os interesses do mundo material e o espiritual, entre o transitório e o permanente, entre a treva e a luz.

Portanto, diante de uma situação dolorosa que você sofreu ou fez sofrer, há duas perguntas importantes que pedem respostas:

1ª O que fizeram com você ou o que você fez com alguém?

2ª O que você quer fazer sobre isso? Quer perdoar e perdoar-se? Quer vingar-se do outro ou de si mesmo?

O perdão é uma escolha, não uma obrigação. Mas o fato é que, ao optar pelo perdão, opta-se pela liberdade, pela alegria e pela paz, pois o perdão dissolve as algemas que nos aprisionam à dor da ofensa e ao ódio do ofensor, o que rouba nossa paz.

1º Passo: Desejar perdoar

É preciso querer perdoar para trilhar na longa jornada em direção ao mais profundo amor por si mesmo e pelo seu próximo. É necessário desejar caminhar na direção do perdão, pois ele não é um momento mágico, mas um longo e penoso processo, para a maioria dos que se decidem por ele. Isso significa que há pessoas que não querem perdoar. Preferem vingar-se ou desligar-se da pessoa que as ofendeu, excluindo-a de sua vida, porque acham que investir mais nesse relacionamento não vale a pena. Talvez porque já tenham perdoado várias vezes, mas a pessoa continuou ferindo-as. É preciso escolher de forma consciente o que queremos viver.

2º passo: Munir-se das virtudes necessárias

Quando vamos fazer uma viagem costumamos colocar na mala tudo aquilo que julgamos precisar. Pois bem, se o perdão é uma jornada rumo ao amor, é preciso colocar em nossa bagagem algumas virtudes que nos serão muito úteis.

Humildade – para aceitar que não somos capazes de perdoar prontamente e que isso não nos torna inferior a ninguém. É preciso um tempo para diluir a mágoa e a culpa. Somos seres humanos buscando a santificação, não santos que se humanizam.

Compreensão – essa virtude nos conduz aos esforços necessários para entender o jeito de ser de cada pessoa que cruza o nosso caminho, fruto de sua história de vida, de sua educação e de suas experiências mais ou menos traumáticas, que resultam em uma personalidade mais ou menos nociva aos que estão a sua volta. Compreensão para entender que ninguém erra porque quer, mas porque não sabe fazer melhor.

Tolerância - para respeitar, embora nem sempre se aceite o modo de ser e de viver de cada um, é preciso abrir mão da ideia de que existe um único modo de fazer as coisas. Tolerância para aceitar o fato de que o certo para mim pode ser errado para o outro, e vice-versa.

Paciência - abrir mão da pressa em mudar o outro ou a si mesmo, entendendo que todos precisam de um tempo para integrar novos conhecimentos e que a mudança do comportamento que julgamos inadequado depende de esforços contínuos para que se concretizem e se tornem parte da personalidade. Ilusão achar que saber é fazer, pois a inteligência aponta o caminho, mas não faz caminhar. É preciso querer mudar e insistir na mudança do comportamento cristalizado ao longo de toda uma vida.

Compaixão - é preciso desenvolver um estado de profundo amor e comiseração pela miséria espiritual humana, pois os erros decorrem dessa falta de recursos espirituais para ser melhor do que se é. Mas é possível tornar-se rico de virtudes que nos capacitam a conviver melhor com as pessoas a nossa volta.

Amor – é preciso trazer o amor para as relações interpessoais para que possamos satisfazer as necessidades da nossa alma e das pessoas que cruzam o nosso caminho. O amor é que escolhe fazer o bem mesmo a quem faz tudo por não merecê-lo.

3º passo: Tornar consciente a raiva ou a culpa.

Reconheça que se sente culpado ou magoado. Se estiver com muita raiva, não se desconsidere por isso. Não julgue seus sentimentos. Lembre-se que são apenas sentimentos e que não temos o poder de impedir que eles nasçam dentro de nós, mas podemos agir de forma a não permitir que eles dirijam nossas ações. Assim, quando estiver magoado e com raiva de alguém, diga isso a si mesmo e mantenha esse ódio bem à vista, para poder transformá-lo progressivamente num sentimento positivo que lhe cause alegria e bem-estar. Não negue sua dor, não finja que não está doendo.

4º PASSO: FALE MUITO SOBRE SUA DOR

Procure conversar com alguém que possa ouvi-lo sem julgá-lo. Conte detalhadamente o que aconteceu, fale sobre como se sentiu diante da situação vivenciada, fale da dor, da raiva, da frustração e da decepção que sentiu. Deixe tudo isso sair de dentro de você como se estivesse vomitando o que não foi digerido. Se não tiver com quem conversar, escreva vários dias seguidos sobre o fato, até sentir que a mágoa ou a culpa está se diluindo lentamente.

Procure identificar algum tipo de ganho com a situação dolorosa vivida: por exemplo, "aprendi a gostar mais de mim mesmo, aprendi a não esperar tanto das pessoas, a não idealizá-las; cresci como pessoa, pois entendi que os contratempos aparecem em meu caminho para que eu me torne mais forte". Passei por algo horrível, mas sobrevivi e tornei-me uma pessoa melhor depois dessa experiência.

5º PASSO: CHORE

Deixe as lágrimas rolarem para que possam levar consigo sua dor. Chorar faz muito bem, mas evite se entregar ao desespero e à revolta. O choro funciona como uma válvula numa panela de pressão, liberando vapor e evitando que a panela venha explodir. Procure um ombro amigo e chore muito.

6º PASSO: O QUE É MEU NESSA HISTÓRIA?

Será que contribuí para a atitude do outro? Será que uma palavra, um gesto, uma atitude, uma omissão de minha parte não desencadeou no outro sua ira e por isso ele me ofendeu? Ou, no caso de você ter provocado a ofensa, pense nas razões pelas quais o outro agiu daquela forma e se você não estaria fazendo um juízo errado, tomando a sua atitude como uma ofensa e por isso foi hostil com ele? É importante entender a causa dos desentendimentos para que se possa evitar a repetição do fato.

Às vezes, identificamos a atitude agressiva do outro, mas nos esquecemos de que ela pode ter sido uma reação a uma ação nossa. Não busque o culpado e sim assuma a hipótese de que você possa ter sido coautor do conflito, o que quase sempre acontece entre parceiros e onde as responsabilidades devem ser compartilhadas.

7º PASSO: MOBILIZE A COMPREENSÃO

Tente explicar o comportamento do ofensor vendo o mundo como ele vê. Tente entender suas motivações, seus desejos existenciais como se estivesse ouvindo alguém que o ama, testemunhando a favor dele. Tente conhecer sua história de vida. Foi amado, respeitado, considerado? Já foi traído, profundamente maltratado, abandonado ou ferido? Lembre-se que o perdão é filho da compreensão.

Tente encontrar uma intenção positiva por trás do comportamento danoso. Por exemplo: o ladrão que rouba, tem uma intenção positiva, que é suprir as necessidades de sua família. Alguém que "fura" uma fila, este pode ter a intenção de chegar mais cedo no trabalho ou em casa para atender uma necessidade de alguém que o espera. Embora sejam motivos egoístas, eles demonstram uma intenção positiva por trás da ação prejudicial e nos ajudam a compreender para perdoar. Embora não concordemos com essas atitudes, elas explicam o modo como essa pessoa entende a vida, seu jeito de ser e de existir.

8º PASSO: TENHA UMA VISÃO ESPIRITUAL DA VIDA

O mundo material é transitório, enquanto o mundo espiritual é permanente. Por mais difícil seja o seu problema, lembre-se de que ele tem prazo para acabar.

A doutrina espírita ensina que, num mundo atrasado qual o que nos encontramos,[44] fatalmente iremos nos deparar com pessoas ignorantes, que nos causarão dissabores. Lidar com essas vicissitudes da vida material funciona como prova ou teste, para que desenvolvamos nossa capacidade de amar, perdoar, compreender, tolerar. Mas em meio a tantas maldades, aparece alguém que demonstra coragem, honestidade, desapego e amor ao próximo. Sempre que se lembrar do mal que lhe fizeram, tente lembrar-se das pessoas boas que já lhe fizeram muito bem.

44. A Terra é considerada um mundo inferior destinado a provas (testes) e expiações (resgate de dívidas). Aqui o mal existe em proporções ainda assustadoras porque seus habitantes são espíritos ignorantes. Mas há mundos superiores ao nosso. Nos mundos de regeneração o bem predomina; embora neles ainda haja lutas que aprimoram a alma, não há mais expiações. Nos mundos felizes e nos mundos celestes, onde o bem é a regra geral, a alma pode gozar de paz e felicidade plenas.

O segredo é não ficar pensando apenas em você. Talvez o que aconteceu de ruim tenha sido uma chance para que os outros pudessem te ajudar e apoiar. É preciso aprender a dar, mas também a receber.

9º PASSO: AME-SE MAIS

Tenha compaixão por você mesmo e não rumine o problema o tempo todo. Que seu amor por si mesmo seja maior que o ódio que sente pelo outro. Seu ódio o manteve ligado à pessoa responsável pela sua dor, e o perdão permite que você se desligue da pessoa e da dor. O perdão é para o seu próprio benefício e não para quem o feriu.

Aquele que lhe ofendeu e quer se reconciliar tem que fazer a parte dele: um sincero pedido de desculpas, a promessa de não repetir os mesmos erros e reparar os danos causados. Mas se o outro não se arrepender, encare o ato de perdoar essa pessoa como um favor que você faz a si mesmo e não a quem lhe prejudicou. Nesse caso, se possível, distancie-se dele para evitar novos danos a você. É preciso perdoar e ao mesmo tempo estar ciente de que há maldade no mundo e gente que simplesmente sente prazer em prejudicar os outros.

10º Passo: Capacite-se para amar cada vez mais

Seja imparcial e não envolva mais ninguém na contenda. Se você foi magoado por alguém, evite destilar ódio sobre familiares e parentes do agressor. Procure orar e pedir a Deus que o ajude a se livrar do lixo tóxico da mágoa. Ore para que aquele que lhe ofendeu possa reconhecer seu erro, para que não mais o repita. Dedique-se a trabalhos voluntários em que você possa ampliar sua capacidade de amar cada dia mais. Prepare-se e se abasteça de muito amor, porque outros desafios virão pela frente. Há muitas pessoas ignorantes das leis morais da vida andando por aí e fatalmente alguma delas vai cruzar o seu caminho.

Ouvistes que foi dito: Amarás teu próximo e odiarás vosso inimigo. Eu, porém, vos digo: amai os vossos inimigos.

(Mateus 5:43-44)

Deus jamais cansa de nos perdoar. Somos nós que cansamos de pedir perdão a Deus.

(Papa Francisco)

CAPÍTULO 17

Oração do perdão

Querido Pai Celestial! Aqui estou, diante de ti, de alma quebrantada pela dor sofrida. Fui traído, magoado, abandonado e ferido por aquele a quem mais amei e me dediquei nesta vida.

Ao consultar minha consciência, creio não ter dado motivos a essa injúria, mas, se fiz algo que possa ter contribuído para que ela acontecesse, mostra-me, Senhor! Preciso compreender onde errei para poder corrigir os meus erros.

Porém, independentemente de quem tenha sido a responsabilidade pelo ocorrido, cura a ferida aberta em minha alma, Pai, pois não desejo carregar comigo esse fardo inútil representado pela mágoa ou pela culpa.

Amado mestre, Jesus! Ajuda-me a ser mais humilde para compreender que todos somos espíritos ainda imperfeitos, com imensa dificuldade de vivenciar seus ensinamentos carregados de sabedoria e geradores de paz. Por isso ferimos e somos feridos.

Ajuda-me a ser mais compreensivo e tolerante para aceitar as imperfeições do meu próximo, assim como as minhas, pois imperfeições, fragilidades e ignorância geraram todo esse sofrimento.

Toma-me pela mão, neste momento, senhor, e conduz-me pelo caminho do perdão, que me libertará da dor. Humildemente reconheço minha imensa dificuldade, senhor, porque meu orgulho ferido clama por justiça.

Decido, porém, abrir mão da justiça que me é de direito, para que minha alma sofrida encontre paz. Preciso seguir em frente, Jesus, mas temo não conseguir; temo paralisar meus passos e cristalizar por toda a eternidade este momento doloroso.

Por isso, abraça-me, arrasta-me, carrega-me em teus braços se for preciso, mas não me deixes sozinho com esse ódio que me dilacera o peito. Embora ainda não possa esquecer a ofensa que me fizeram, decido continuar caminhando.

Que através desta prece possa me conectar com tua luz e assim trazer para perto de mim a tua serenidade. Rogo-te, senhor, acalma minha dor, cicatriza minha ferida e habita definitivamente em mim trazendo-me tua paz.

Sei que dia chegará quando poderei entender as causas de tudo por que passei neste mundo de provas e expiações. Sei também que o amor, e não propriamente o tempo, se encarregará de diluir todas as minhas culpas e mágoas e restaurará a paz em mim.

Que assim seja!

Conheça o Espiritismo
Como é a vida após a morte?
Por que sofremos?
Existe reencarnação?
EDITORA
AUTA DE SOUZA
De onde eu vim?
Para onde vou?
Conheça o Espiritismo
Não deixe essa obra de fora dos seus estudos
CONHEÇA O ESPIRITISMO
Esta obra destina-se aos que desejam conhecer a Doutrina Espírita em seu tríplice aspecto: ciência, filosofia e religião, elucidando algumas questões fundamentais da existência humana, quais sejam: de onde viemos? para onde vamos? o que é o fenômeno da morte?
Muitas Casas Espíritas utilizam com sucesso este livro como o primeiro curso para os iniciantes.
Estudo | 16x23 cm | 176 páginas | R$24,60